Jochen Lindig

Acht Etappen zur Führung

Jochen Lindig

Acht Etappen zur Führung

Als Führungskraft Verantwortung übernehmen. Mit kreativen Methoden führen und kooperieren.

Trainerverlag

Impressum/Imprint (nur für Deutschland/only for Germany)
Bibliografische Information der Deutschen Nationalbibliothek: Die Deutsche Nationalbibliothek verzeichnet diese Publikation in der Deutschen Nationalbibliografie; detaillierte bibliografische Daten sind im Internet über http://dnb.d-nb.de abrufbar.

Coverbild: www.ingimage.com

Verlag: Der Trainerverlag ist ein Imprint der
Südwestdeutscher Verlag für Hochschulschriften GmbH & Co. KG
Heinrich-Böcking-Str. 6-8, 66121 Saarbrücken, Deutschland
Telefon +49 681 37 20 271-1, Telefax +49 681 37 20 271-0
Email: info@verlag-trainer.de

Herstellung in Deutschland (siehe letzte Seite)
ISBN: 978-3-8417-5040-2

Imprint (only for USA, GB)
Bibliographic information published by the Deutsche Nationalbibliothek: The Deutsche Nationalbibliothek lists this publication in the Deutsche Nationalbibliografie; detailed bibliographic data are available in the Internet at http://dnb.d-nb.de.

Cover image: www.ingimage.com

Publisher: Trainerverlag
is an imprint of the publishing house
Südwestdeutscher Verlag für Hochschulschriften GmbH & Co. KG
Heinrich-Böcking-Str. 6-8, 66121 Saarbrücken, Deutschland
Phone +49 681 37 20 271-1, Fax +49 681 37 20 271-0
Email: info@verlag-trainer.de

Printed in the U.S.A.
Printed in the U.K. by (see last page)
ISBN: 978-3-8417-5040-2

Acht Etappen zur Führung

- **Beratung**
- **Coaching**
- **Wachstum**

Als Vertriebsleiter Verantwortung übernehmen, Herausforderungen meistern, mit kreativen Methoden führen, beraten und kommunizieren

Inhaltsverzeichnis

Einleitung Wen soll das Praxisbuch ansprechen?

- Fachleute auf dem Weg zur Führungsrolle
- Ausgewählte Mitarbeiter mit Potential in Führung und Management
- Erfahrende Führungskräfte, die aktuelle Erkenntnisse in Ihre Führungspraxis integrieren möchten
- Trainer, Berater und Coaches, die ihr Können erweitern möchten.

Guide

Felix Klar ist mein Name. Ich bin in einem führenden europäischen Unternehmen Vertriebsleiter. Für diese Position wurde ich von der Geschäftsführung ausgewählt, weil mein Umgang mit Kunden und Kollegen vorbildlich ist. Meine handwerkliche Kompetenz ist von Vorteil bei meinen neuen Aufgaben. Mein Unternehmen investiert in eine gezielte Weiterbildung um mich zielgerichtet auf die neuen Aufgaben vorzubereiten. Durch Einzelberatung und Coaching wird eine schnelle Integration angestrebt. Verfolgen Sie meine Entwicklungsgeschichte, lassen Sie sich anregen und nutzen Sie für sich die Inspirationen.

Mein persönliches Wachstum in der Führungsrolle als Vertriebsleiter

Mein persönliches Wachstum fortzusetzen bedeutet für mich, meine Werte und Sozialen Systeme zu überprüfen, diese weiterentwickeln und zur Reife führen. Lernen Sie Methoden zur Beratung und zum Coaching meiner Mitarbeiter kennen. Ich lade Sie ein, die für Sie attraktive Methoden und Techniken in Ihrem Führungsalltag aufzuprobieren. Einzelberatung ist mein Führungsmotto. Bewährte Methoden der Moderation mit ganzheitlichem Denken setze ich hierbei ein. Verfahrensweisen zur kreativen Visualisierung werden im Folgenden als (KV) gekennzeichnet. Der wesentliche Nutzen besteht in der direkten Anwendung einfacher Gesprächstechniken / Führungswerkzeugen. Verlauf und Ergebnisse der Beratung werden durch Texte und Fotos dokumentiert. Füllen Sie Ihren Ideen- und Themenspeicher auf. Hierbei wünsche ich Ihnen viel Erfolg, Ihr Felix Klar.

Bearbeiten Sie Ihre Fragen und setzen Ihre Erkenntnisse um

Am Kapitelanfang sammeln Sie erste Ideen und bewerten diese. Ihre persönliche Frage wird am Ende bearbeitet. Notieren Sie Ihre Ideen, beziehen Sie kreative Visualisierungsmethoden mit ein. Notieren Sie Ihre Ergebnisse im Aktivitätenspeicher, der Ihnen als Planungs- und Steuerungsinstrument dient.

Die angegebene Fachliteratur ermöglicht Ihnen vertiefendes Lesen und Studium.

Folgende Ziele stehen in Führung, Beratung und Coaching im Mittelpunkt

- Die verbesserte Analyse-, Reflexions- und Wahrnehmungskompetenz
- Der Abgleich der Arbeitsanforderungen (was Sie im Beruf tun) mit den persönlichen Arbeitspräferenzen (was Sie gerne, was Sie mit Leidenschaft tun)
- Die Herstellung eines schnellen Informationsflusses mit klarer Kommunikation
- Die Überprüfung von Prozessen und Strukturen in der Organisation
- Die Anwendung einer effektiven Selbstorganisation und konsequenten Zeitplanung
- Sinnvoller Einsatz von Moderations- /Präsentationsmethoden, z.B. in Meetings und Projektbesprechung.

Der Autor

Jochen Lindig, Jahrgang 1950, studierte Pädagogik und Psychologie. Er ist seit über 30 Jahren in Beratung, im Coaching und Training aktiv. Als Führungskraft war er in Branchen des Handels und der Industrie tätig. Seit 1989 leitet er die Unternehmensberatung LINDIG & PARTNER BERATUNG - COACHING - TRAINING. Sein Schwerpunkt ist die persönliche Beratung mit gezieltem Training von Fach- und Führungskräften. Unternehmen nutzen die Beratungsdienstleistungen zur Teambildung und Teamentwicklung. Er begleitet Projektmanagern in komplexen Veränderungsprojekten.

1.0 Situationsbeschreibung von Felix Klar

Die unternehmerischen Herausforderungen von Gegenwart und Zukunft lassen sich aus meiner Sicht mit folgenden Aussagen beschreiben:

- Rasanter gesellschaftlicher Wertewandel
- Zunehmende Planungsunsicherheit und Instabilität der Systeme
- Informations- und Wissensexplosion
- Weltweite Vernetzung mit Auswirkungen auf Produktion und Handel
- Schnelle Anpassung von Methoden und Werkzeugen an aktuelle Herausforderungen
- Neue Formen der Unternehmenssteuerung, Mitarbeiterführung und der Unternehmenskultur
- Zunehmende Ökologisierung der Unternehmen
- Verschärfter Wettbewerb auf nationalen und globalen Märkten.

Um den Ansprüchen nach Produktivität, Rentabilität, Gewinnorientierung und Menschlichkeit gerecht werden zu können, benötigen Führungskräfte ergänzende Kompetenzen.

1.1 Persönliches Wachstum durch Beratung und Coaching

Wie kann Fach-, Methoden-, Sozial- und persönliche Kompetenz in die Handlungskompetenz integriert werden? Elemente der Handlungskompetenz sind:

- Zieldefinition mit klaren Messgrößen und gewinnbringender Umsetzung
- Ergebnisorientiertes Handeln, Wertschöpfung im Focus behalten
- Informations- und Kommunikationskompetenz, z.B. Selektion, Bewertung und Verteilung von Informationen
- Methodenkompetenz - Besprechungen planen, durchführen und effektiv auswerten
- Flexible Methoden zur Planung- und Selbstorganisation, Nutzung der Werkzeuge im Projektmanagement
- Kenntnis der Arbeitsanforderungen von Mitarbeitern und Abgleich ihrer persönlichen Arbeitspräferenzen (was ein Mitarbeiter gerne, mit Leidenschaft tut)
- Verantwortung für einen passgenauen Arbeitseinsatz übernehmen
- Herausfordernden Situationen lösen, Umgang mit Veränderungen. Einbezug von Methoden des Konfliktmanagements
- Analyse-, Reflexions- und Wahrnehmungskompetenz mit individuellem Selbst- und Fremdbildabgleich.

1.2 Entwicklung in unserem Handelsunternehmen
Auswirkungen auf Wachstum und Führung

Situationsbeschreibung

Wir sind ein internationales Produktions- und Handelsunternehmen der Möbelindustrie und streben die Marktführung an. Im Unternehmensauftrag sind strategische Ziele definiert. Detaillierte Maß-nahmen für die Organisations- und Personalentwicklung sind aus den Zielen abgeleitet. Durch Umstrukturierung sind neue Stellen besetzt worden.
Als erfahrene technische Fachkraft soll ich zukünftig die Vorgaben der Geschäftsführung im Vertrieb engagiert umsetzen. Von der Geschäftsführung bin ich neuerdings als nationaler Vertriebsleiter berufen worden.
Für diese Berufsphase habe ich einen externen Berater ausgewählt, der mich unterstützt und auf meine Fragen eingeht. Ideen, Lösungsalternativen und Handlungsoptionen sind Inhalte unseres Coachings und des Beratungsprozess von 1 ½ Jahren.

1.3 Die Bedeutung von Beratung und Coaching in der Wachstumsphase

Mitarbeiter werden auf Grundlage ihrer Fachkompetenz in eine Führungsrolle berufen.
Das Selbstverständnis der Fachkräfte gründet sich auf ihren erlernten und ausgeübten Beruf. Zum Beispiel versteht sich der Betriebswirt auf die Beurteilung von wirtschaftlichen Kennziffern. Der Ingenieur kann systematisch, effiziente Produktionsabläufe steuern. Vertriebsmitarbeiter liefern neue Ideen und fühlen sich für die Forderungen von Kunden zuständig. In Veränderungsprozessen wie Umstrukturierung oder Expansion liegt der Blick von Führungskräften auf zielorientiertem Handeln. Ergänzend zur Fachkompetenz sind Führungskräfte aufgefordert auch soziale Kompetenzen einzubeziehen. Wirksame Expansion im Unternehmen setzt systemisches Denken Handeln voraus.

Folgende Themen stehen am Anfang meiner individuellen Beratung, meines Coachings

- Konstruktives Miteinander
- Wahlfreiheit und Autonomie
- Vertraulichkeit und Dokumentation
- Umgang mit Abweichungen.
- Gesprächsgegenstand ist Zukunftsangst, Unsicherheit und Schwäche, Kompetenzerweiterung, Verbesserung der Selbstorganisation, Arbeitsoptimierung und Mitarbeiterführung.

Coaching

Der Begriff „Coaching" leitet sich ab von Coach, Kutscher, Kutsche. Der Coachman oder Coach ist der Kutscher, der die Aufgabe hat, die Pferde sicher und schnell ans Ziel zu lenken.
Auf die berufliche Situation übertragen bedeutet es, jemanden zu unterstützen, schnell, sicher und ergebnisorientiert sein Ziel zu erreichen. Dieses Verhalten präsentiert mein Coach in hervorragender Weise. Coaching ist professionelles Handeln und wird von meinem Coach auf einer systemischen Grundlage durchgeführt. Coaching ist ein

methodisch geleitetes Vorgehen und wird auf Basis bestimmter Werte und eines beschriebenen Menschenbildes praktiziert.
Wir nutzen artverwandte Begriffe, wie z.B. Training am Arbeitsplatz, Lösung von Fachfragen, Optimierung von beruflichem Handeln.

Mein Berater und Coach nimmt bei Bedarf einen Expertenstatus ein. Ein Experte gibt Antwort, Feedback und bewertet Situationen. Fachleute aus anderen Bereichen können ergänzend Hilfestellung leisten. Ein Experte zeichnet sich durch Fachwissen, Einfühlungsvermögen und Lebenserfahrungen aus.
Wir akzeptieren, dass es nicht „die" Wahrheit gibt, sondern, dass jeder Experte seine individuelle Perspektive vertritt. Als Klient habe ich die Wahlfreiheit der Nutzung.

Der Begriff Klient ist eine häufig benutzte Beschreibung für Kunde. Weitere Begriffe können Trainee, Coachee, Führungs-/Fachkraft, Projektmanager. Auch andere Rollenbezeichnungen sind möglich.

1.4 Einstellung und Verhaltensregeln im Entwicklungsprozess

Mein Berater und Coach

- moderiert den Prozess, stellt situationsgerechte Fragen,
- notiert und visualisiert den Verlauf des Prozesses und dokumentiert die Ergebnisse,
- unterstützt mich bei der Lösung offener Fragen,
- begleitet mich bei meinem Ideenfluss (Brainstorming),
- gibt bedarfsgerechte Empfehlungen zur aktuellen Fragestellung,
- hat die Wahlfreiheit im Beratungsprozess und
- behandelt meine Informationen vertraulich.

Als Klient bin ich

- für mein Anliegen und meine Ernsthaftigkeit verpflichtet,
- für die Diagnose mit Zieldefinition zuständig,
- für die Schritte zur Umsetzung meines persönlichen Entwicklungsplanes (PEP) verantwortlich,
- autonom, entscheide über Prioritäten und Grenzen, habe die Wahlfreiheit das Ergebnis zu akzeptieren oder abzulehnen. Als Klient akzeptiere ich die besprochenen Verhaltensregeln, wie Fairness, Vertraulichkeit und die Suche nach konstruktiven Lösungen.

1.5 Systemische Organisationsberatung - sechs Element sozialer Systeme

Die **„personale Systemtheorie"** wurde von dem Anthropologen Gregory Bateson begründet. Bateson hat in den 1950er- Jahren, in Zusammenarbeit mit dem Psychiater John D. Jackson, die systemtheoretischen Ansätze zu einer Theorie sozialer Systeme weiterentwickelt.

Im Buch „Menschliche Kommunikation" von Paul Watzlawick, Janet H. Beavin und Don D. Jackson sind die Aussagen zu einer verständlichen Zusammenfassung veröffentlicht worden.
Diese Ansätze wurden u.a. in der systemischen Familientherapie angewandt und in Publikationen zur „Systemische Organisationsberatung" von E. König und G. Volmer weiterentwickelt.
In den sechs Elementen sozialer Systeme werden die Merkmale und Verhaltensweisen deutlich. Systemische oder ganzheitliche Betrachtungen liefern insbesondere in Wachstumsphasen ein wertvolles Rüstzeug. Zum Einstieg erkennen Sie die wichtigen Elemente sozialer Systeme. Eine Vertiefung können Sie im ersten Kapitel (Anhang), bzw. mit Studium der Fachliteratur vornehmen.

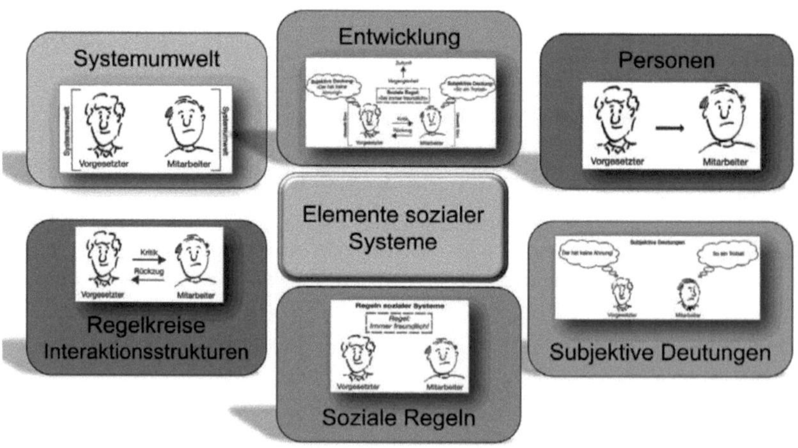

Erstes Systemelement: Das Verhalten eines sozialen Systems ist durch die **„einzelnen Personen"** beeinflusst. Dies können Führungskräfte, Mitarbeiter, Personen in anderen Abteilungen, Familienmitglieder oder Freunde sein.

Zweites Systemelement: Das Verhalten eines sozialen Systems ist durch **„subjektive Deutungen"** der jeweiligen Personen beeinflusst. Die Personen reagieren nicht einfach auf Reize, sondern sie gewinnen gedanklich ein Bild über die Wirklichkeit und handeln auf der Basis dieses Bildes. Die subjektiven Deutungen können individuelles und kollektives Handeln bestimmen.

Drittes Systemelement: Das Verhalten eines sozialen Systems ist durch soziale **„Regeln"** bestimmt. Regeln sind Aussagen, wer etwas tun soll, tun darf oder nicht tun darf. Sie können allgemein formuliert sein wie z.B. Hilfsbereitschaft. Soziale Systeme werden von offiziellen Regeln bestimmt, z.B. Leitbild, Handbuch zum Projektmanagement, QM – Richtlinien, Besprechungs- und Dokumentationsregeln, Urlaubsregeln, Regeln zur Schichtübergabe etc.. Es gibt auch verdeckte oder informelle, funktionale oder dysfunktionale Regeln.

Viertes Systemelement: Das Verhalten eines sozialen Systems ist durch immer Wiederkehrende Verhaltensmuster, durch **„Regelkreise"** beeinflusst. Aus den jeweiligen subjektiven Deutungen und den sozialen Regeln entwickeln sich in einem sozialen System Regelkreise oder Interaktionsstrukturen.

Fünftes Systemelement: Das Verhalten eines sozialen Systems ist von der materiellen und sozialen **„Umwelt"** beeinflusst. Dies können die Arbeitsbedingungen, das unmittelbare Umfeld, der Arbeitsplatz oder die technischen Mittel sein. Das Verhalten kann auch durch andere Faktoren, den Kunden, Lieferanten oder den Markt beeinflusst werden.

Sechstes Systemelement: Soziale Systeme sind durch die bisherige **„Entwicklung"**, ihrer Geschichte beeinflusst. Wie ist das soziale System entstanden, wie hat es sich entwickelt, wie ist es gereift? Wie wirkt sich die aktuelle Situation aus? Welche Einflüsse bestimmen die zukünftige Entwicklung?

Systemisches Vorgehen berücksichtigt den Reifegrad eines Unternehmens, seine langfristigen Entwicklungsziele, prüft den Veränderungsbedarf, die Veränderungsbereitschaft in allen Systemelementen. Damit strebt systemische Beratung eine menschlich und wirtschaftlich gesunde Unternehmensentwicklung an.

Basisgedanke ist, in Wachstumsphasen die Aufmerksamkeit nicht auf einen einzelnen Faktor zu richten, sondern auf das jeweilige soziale System (z.B. Bereich, Abteilung, Projektgruppe, Team etc.).

Das Verhalten des Einzelnen ist beeinflusst von dem jeweiligen sozialen System. Der Einzelne hat aber auch die Möglichkeit, die Entwicklung des sozialen Systems zu beeinflussen. Hierbei entstehen Wechselwirkungen und Abhängigkeiten.

2.0 Gesprächsmethoden und Mittel in Führung und Beratung

2.1 Die vier Phasen effektiver Gesprächsführung

John Whitmore entwickelte die GROW – Formel.

Goal = Klärung des Ziels
Reality = Klärung der Situation
Options = Sammlung und Bewertung von Lösungsmöglichkeiten
Will = Festlegung des Handlungsplans

Der Einsatz der vier Gesprächsphasen in der Führungs- und Beraterrolle bildet für alle Beteiligten eine wertvolle Orientierung. Die Grundstruktur wurde von John Whitmore mit **GWOW** beschrieben:
Goal, Klärung des Ziels
Realtiy, Klärung der Situation
Options, Sammlung von Ideen und Bewertung von Lösungsmöglichkeiten
Will, Festlegung des Handlungsplans.

Auf Grundlage des GROW – Modells gliedere ich meine Gespräche in vier Phasen.

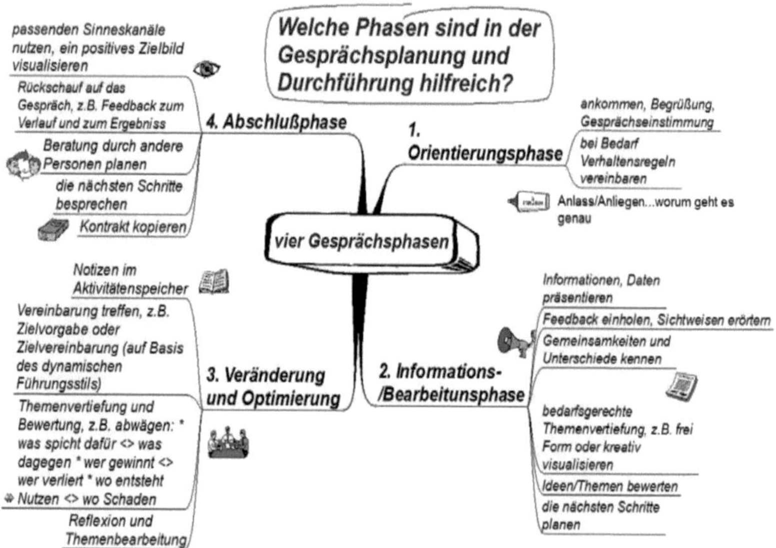

I. Orientierungsphase

Orientierung auf der Beziehungsebene

- Positive Einstellung auf den Gesprächspartner
- Für ein stimmiges Umfeld sorgen, wie Bestuhlung, Raum, Licht, Bewirtung
- Anregung zu einem attraktiven Zielbild.

Orientierung auf der Sachebene

- Welcher Anlass steht im Vordergrund, welches Thema ist aktuell?
- Auswahl von zieldienlichen Methoden
- Zeit- und Ressourcenplanung beachten

II. Informations- und Bearbeitungsphase

Unterstützung des Gesprächspartners bei seiner Themenbeschreibung, seiner Prioritätensetzung. Persönliche Gefühle, nebulöse Aussagen durch Nachfragen an die Oberfläche bringen. Der Mitarbeiter sagt, z.B.: "Ich habe Angst!" Der Berater fragt nach: „Was macht Ihnen Angst, wer macht Ihnen Angst, was macht die Angst mit Ihnen? Was wäre anders wenn Sie die Situation als sonnig und klar erleben würden?" Hierbei werden die Gesprächsmethoden des aktiven Zuhörens anwendet.

III. Klärungs- und Optimierungsphase

Durch Alternativfragen das Gespräch lenken, Wünsche, Ziele, Auswirkungen und Konsequenzen reflektieren, über Handlungsmöglichkeiten sprechen, Optionen abwägen

z.B.		
Was spricht dafür	<>	dagegen?
Wer gewinnt	<>	wer verliert?
Wo liegen die Chancen	<>	wo die Risiken?
Wer hat den Nutzen	<>	wer hat den möglichen Schaden?

Unterstützung bei der Suche nach weiteren Lösungen und bei der Bewertung von Alternativen.

a) Prozessberatung: Der Gesprächspartner findet selbst neue Lösungen. Der Berater stellt die passenden Fragen: „Welche Möglichkeiten sehen Sie? Was haben Sie zur Lösung des Themas unternommen? Was hat Ihnen geholfen, diese Situationen zu bewältigen?"

b) Expertenberatung: Weitere Personen bringen neue Ideen und Aspekte ein.
Dem Gesprächspartner wird die Wahlfreiheit zur Nutzung eingeräumt.

IV. Abschlußphase

Den Gesprächspartner bei der Entwicklung eines realistischen Aktivitätenspeichers beraten. Es wird überprüft, wann er welche Ergebnisse erzielen möchte. Er vervollständigt seinen Handlungsplan. Besprechung über die Art und Weise einer möglichen Unterstützung. Am Beratungsende wird sein positives Zielbild reflektiert. Der Gesprächspartner und Klient hat die Möglichkeit die Beratungssequenz zu bewerten.

Während des Beratungsprozesses werden adressatengerechte Methoden genutzt. Das kreative Visualisieren (KV) ist hilfreich um Verlauf und Ergebnis schnell und genau darzulegen.

2.2 Kreative Lern- und Visualisierungsmethoden im Wachstumsprozess
Einleitung zum kreativen Visualisieren - Die Bedeutung von lebenslangem Lernen

Die Bedeutung des Humankapitals wird durch die Untersuchung der englischen Manpower Services Commission deutlich.
Von den bestbewerteten zehn Prozent der britischen Unternehmen investieren 80 Prozent in die Personalentwicklung, d.h. in die Förderung der „geistigen Stärken" ihrer Mitarbeiter.
Diese vorbildhaften Investitionen gewinnen durch folgende Studienergebnisse an Bedeutung.
Leitende Angestellte und Manager verwenden durchschnittlich 30 Prozent ihrer Zeit dafür, zu lesen und Informationen zu sortieren. 80 Prozent der erfassten Daten und Fakten werden jedoch innerhalb von 24 Stunden wieder vergessen.
Führungskräfte setzen durchschnittlich 20 bis 30 Prozent ihrer Zeit für mündliche oder schriftliche Kommunikation ein. Ein Großteil unter ihnen empfindet hierbei Langeweile, Unsicherheit oder Angst. Unternehmen, die eine Million Euro für Trainingsmaßnahmen ausgeben, verlieren 900.000 Euro davon innerhalb einer Woche nach Beendigung der Weiterbildungsaktivitäten.

Neben der fehlenden Integration der Weiterbildung in die strukturierte Personalentwicklung besteht ein weiterer Grund in der fehlenden Rücksichtnahme auf die natürliche Funktionsweise des Gehirns. Hoher Entwicklungsbedarf besteht in der Methodik die Ergebnisse mit Lust und Engagement in die Praxis umzusetzen. Der englische Gehirnforscher Tony Buzan beschreibt in der Einleitung seines "Business Mind Mapping" den Kapitalfaktor Intelligenz. Mit den Methoden des gehirngerechten Lernens und Visualisierens können Sie die Gedächtnisleistungen steigern und für eine gezielte Umsetzung der Lernerfahrungen in Ihren Alltag sorgen.

Um die Unterschiede zu verdeutlichen lesen Sie zunächst einen bekannten **„linearen Entwurf"**. Hierbei steht traditionelles Schreiben im Mittelpunkt der Visualisierung. Diese Vorgehensweise habe einige Personen in der Schule erlernt, andere strukturieren die Gedanken mit Hilfe von Nummern oder Buchstaben.

Bei dieser Methode werden häufig mehrere Seiten beschrieben, ergänzt, gestrichen, mit Linien und Pfeilen verbunden. Irgendwann fehlt dann in einer bestimmten Zeile der notwendige Platz um die wichtigen weiteren Ideen und Gedanken zu notieren.
Viel Zeit und Energie wird mit Änderungen und Korrekturen verschwendet. Das linear-numerisch strukturierte Konzept zwingt dem Denkprozess vorzeitig eine Ordnung auf.
Es greift in die Geschwindigkeit, Abfolge und die Art und Weise unseres Ideenflusses ein.
Es ist eine einseitige linkshemisphärische Technik.
Die Arbeit mit einem linearen Konzept wird am Beispiel der Nachfolgeplanung deutlich.

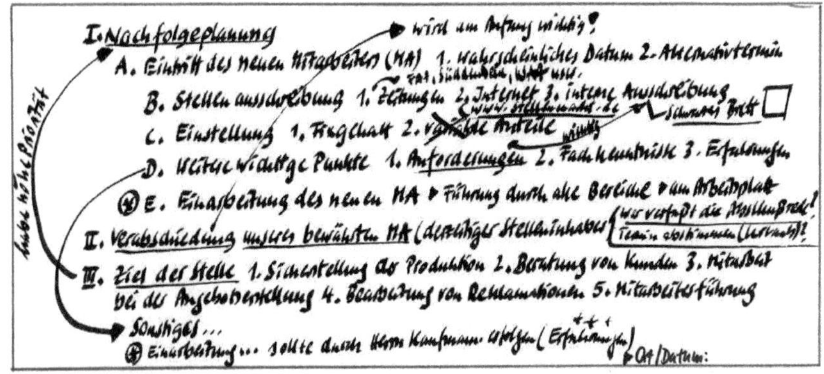

Diese Methode verlangsamt unsere Denkfähigkeit und begrenzt unsere Kreativität. Warum also mit einem linear- numerisch strukturierten Konzept Denkprozesse zu Papier bringen?

„Mind Mapping ist für das Zeitalter der Raumfahrt und Computer, das, was linear strukturierte Konzepte für das Mittel- und Industriezeitalter waren."
Tony Buzan (Literatur: Business Mind Mapping® ISBN 3-7064-0577-6)
Mind Mapping®: Mind steht für Gehirn/Verstand und Mapping für Karte/Plan.

Die Ideen wurden in den früheren 70er Jahren vom englischen Gehirnforscher Tony Buzan entwickelt. Mind Mapping bezieht beide Gehirnhälften ein und ist eine effiziente Alternative zu linearen Konzepten. Es erlaubt die harmonische Zusammenarbeit zwischen der analytischen, detailorientierten linken und der bildhaft denkenden, schöpferischen rechten Gehirnhälfte.

Mit dieser Notiz- und Merktechnik können Sie Ihre „geistige Landkarte" anfertigen und organisieren. Ein Mind Map benutzt Schlüsselworte, Farben und Bilder, um Ideen darzustellen.
Der Autor erkannte, dass unser Gehirn über unerschöpfliche Möglichkeit verfügt, Ideen zu erzeugen. Die bestmögliche Art, aus diesem Reservoir zu schöpfen, ist es, unserem Ideenfluss freien Lauf zu lassen, die Ideen kreativ darzustellen und diese erst anschließend zu strukturieren und zu bewerten. Der Begriff Mind Mapping® von Tony Buzan ist als Warenzeichen gesetzlich geschützt.

In den folgenden Darstellungen verwende ich, stellvertretend für die Methodik, zukünftig **„Kreative Visualisierung" (abgekürzt KV).**

Beim Erlernen dieser kreativen Methode waren für mich folgende Schritte (Regeln) wichtig. Als Beispiel dient das Thema: „Nachfolgeplanung".

Erster Schritt: Eine offene Frage als Überschrift und Orientierung formulieren.
W – Fragen regen unser Gehirn an zieldienliche Antworten zu suchen und diese gut darzustellen, zum Beispiel:

„Welche Ideen zur effektiven Nachfolgeplanung haben wir?"

Zweiter Schritt: Beginn mit kreativer Visualisierung (KV). Leitmotiv in die Mitte des Blattes zeichnen.
Vielleicht hilft es Ihnen sich vorzustellen wie sich ein kräftiger Baum entwickelt. In der Mitte befindet sich der Stamm, in unserem Beispiel das Thema „Nachfolgeplanung". Dieses Bild dient als Ausgangsbasis für kreative Assoziationen. Bilder helfen der rechten Hemisphäre auf die Sprünge. Sie bleiben leichter als Worte im Gedächtnis haften und steigern die Produktion neuer kreativer Ideen und Alternativen zum Thema. Es ist gleichgültig, ob Sie Talent zum Malen besitzen oder nicht, malen Sie so, dass Sie alle Gedanken visualisiert und mit passenden Bildern ergänzt werden.

Dritter Schritt: Schlüsselwörter benutzen.
Am Beispiel unserer Baummetapher umfassen die Schlüsselwörter ein ganzes Bündel an Informationen. Sie bilden die Grundlage für das Erinnerungsvermögen und für freie Assoziationen. Forschungsergebnisse belegen, dass Schlüsselwörter schneller gebildet werden können als ganze Sätze im linear strukturierten Konzept.

Verabschiedung
Ziel/Zweck (Wozu)
Projektplanung
Einarbeitung
Nachfolge-
planung
Ideen...
Personalsuche
Vertrag
Bewerberselektion

Vierter Schritt: Leitmotiv mit den Schlüsselwörtern durch Linien verbinden. Mit den Verbindungslinien wird die Verknüpfung der Schlüsselwörter miteinander deutlich.

Fünfter Schritt: In Blockbuchstaben schreiben.

Durch das Schreiben in Blockbuchstaben (GROSSE oder kleine Buchstaben) werden Worte besser aufgenommen und sind später aus dem Gedächtnis leichter abrufbar. **Nur ein Schlüsselwort auf die Linie schreiben.** Dadurch erhält ein Gedanke seine Würdigung und genügend Platz für weitere kreative Assoziationen. Denken Sie weiträumig, halten Sie den Ideenfluss aufrecht, grübeln Sie nicht lange darüber, ob ein Wort/Begriff passt oder richtig ist.

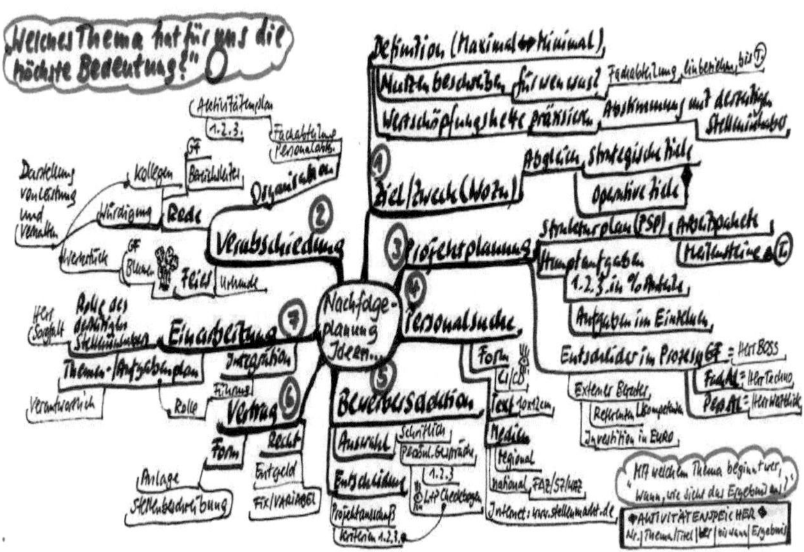

Sechster Schritt: Farben, Bilder und Symbole verwenden.
Farben regen die Fantasie an, wichtige Punkte werden hervorgehoben, Beziehungen zwischen den einzelnen Ästen hergestellt. Die Farbe **Blau** steht für Logik, das Sachliche, Rationale. **Rot** steht für Dynamik, Energie und wird zum Umranden der Überschrift oder Markieren genutzt.
Grün steht für Beständigkeit und erhält eine Bedeutung beim Priorisieren sowie zur weiteren vertiefenden Bearbeitung. **Gelb** eignet sich zum Hervorheben und zum Unterstreichen.
Mit **Schwarz** werden die Inhalte der KV notiert. Buchstaben und Schrift (digitale Methode) werden vom Gehirn in Formen, Symbolen und Bildern (analoge Methode) dekodiert. Bilder fördern das kreative Assoziieren und lassen sich leichter einprägen.

Die Benutzung von Symbolen, z.B. Sternchen, Ausrufezeichen, Buchstaben und Zahlen verdeutlicht die Beziehung der Begriffe. Weiterhin dienen sie als Mittel zur weiteren Strukturierung des Arbeitspapiers.

Siebter Schritt: Zuerst assoziieren, visualisieren, dann organisieren und bewerten.
Beim kreativen Visualisieren (KV) werden, auf Basis der offenen Fragestellung, so viele Ideen wie möglich gesammelt.

In dieser **ersten Phase** der freien Assoziation lassen Sie Ihre Gedanken schweifen, schreiben und malen Sie die Schlüsselwörter und Symbole auf. Notieren Sie alle Ideen ohne Einschränkung, schließen Sie den Gedanken anderer an. Die Perspektive wird erweitert nach dem Motto „alles ist möglich".

In der **zweiten Phase** werden die Gedanken sortiert, bewertet und auf Zweckdienlichkeit überprüft. Ziffern, zusätzliche Farben, Buchstaben oder Symbole können bei der Bewertung (Priorisierung) hilfreich sein. Der Ersteller findet eine passende Strukturierung heraus. Manche Personen sortieren nochmals und notieren die Ergebnisse im Uhrzeigersinn. Andere ordnen die Ideen auf einem neuen Blatt oder übertragen die relevanten Ergebnisse in ein strukturiertes Konzept.

Das Anwendungsspektrum der kreativen Visualisierung ist vielfältige Nutzungsbeispiele. * Planung, Aufgaben- und Strategieplanung * Beantwortung einer Frage, evtl. mit Brainstorming * Strukturierung und Gliederung eines Projektes * Kreative Phasen mit Ideenfindung, z.B. zur Teambildung * Dokumentation in Besprechungen.

Anhand meiner beruflichen Fragestellungen erlernen Sie den Umgang mit KV und können die Techniken zielgerichtet anwenden. Beim Lesen und Bearbeiten werden Sie sicher weitere Ideen haben. Nutzen Sie Ihre konkrete Situation und erweitern Sie die Methode mit KV. Konzentrieren Sie sich auf Ihre persönliche Visualisierung. Präsentieren Sie anderen Personen Ihre Vorstellungen, damit erweitern Sie Ihre Fertigkeiten.

2.3 Moderation Nutzung von praxisgerechten Werkzeugen in der Beratung

Der Begriff Moderation leitet sich aus dem lateinischen „moderatio" ab. Moderatio bedeutet so viel wie das rechte Maß haben, Harmonie. Im übertragenen Sinn des Wortes bedeutet Moderatio: Übereifrige zu bremsen, das Langsame, Vorsichtige zu aktivieren, vorhandenen Spannungen abzubauen und Harmonie herzustellen. Aus dem gruppentherapeutischen Bereich stammt die Definition: Eine Gruppe leiten bedeutet, den anderen Teilnehmern einer Gruppe durch Fragen helfen, das vereinbarte Ziel zu erreichen. Diese Beschreibung trifft auch für Beratung und Coaching zu. Fach- und Führungskräfte sind im betrieblichen Alltag verantwortlich, offene Fragen zu beant-worten, Ideen zu präsentieren, Erfahrungen auszutauschen, Pläne zu schmieden, Ziele zu erreichen und Herausforderungen zu lösen. In einer zielgerichteten Moderation werden unterschiedliche Methoden und Mittel eingesetzt. Hierbei kommen digitale Methoden (Bearbeitung mit Elektronik) und/oder analoge Methoden (Brainstorming, Kreativität mit Ideenmanagement) zum Einsatz. Beteiligen sich alle verantwortlichen Personen an der Auseinandersetzung, der Ideenfindung zum Thema, so steigt die Bereitschaft, die Ergebnisse in die Tat umzusetzen.

Zu den häufig verwandten **Moderationsmitteln** gehören u.a. Steckwände (Pinnwände), Packpapier, Nadeln, rechteckige Karten, Filzstifte in den Basisfarben: Blau = für die Überschrift, Rot = zum Umranden der Überschrift oder zum Hervorheben eines Inhaltes, Schwarz = zum Darstellen (Visualisieren) von Inhalten und Grün = zum Zusammenfassen (Cluster), Markieren und Bewerten (z.B. mit Klebepunkten). Die Papiertafel (Flipchart) wird zur Visualisierung eines Fahrplanes, zur adhoc Moderation (z.B. mit einer gehirngerechten Schreibweise (Landkarte) dargestellt als KV, zur Zurufantwort oder vorgefertigten Präsentation genutzt. Der Mittel- und Medieneinsatz hängt von der Ziel- bzw. Fragestellung ab.

Im Beratungs- und Coachingprozess erhält die Moderation eine vielschichtige Bedeutung. Gerade in der Phase der Ideenfindung werden die Erfahrungen der Gruppenmoderation genutzt. Folgende Prinzipien sind von Bedeutung. Der Gesprächspartner ist Mitgestalter. Er setzt mit der Stoffbearbeitung dort an, wo sein Interesse, sein Engagement liegt.
Der Berater in der Moderatorenrolle unterstützt ihn bei seiner Zielerreichung. So erlernt er die Moderationsmethoden und ist anschließend in der Lage die gewonnenen Erkenntnisse bei Mitarbeitern- und Kundengesprächen anzuwenden. Er ist Lernender und Lehrender in unterschiedlichen Berufszusammenhängen.

Am Anfang des Beratungsprozesses werden Erwartungen/Wünsche für die effektive Zusammenarbeit notiert (Methode KV).

2.4 Mittel und Werkzeuge für den Beratungsprozess (Tischmoderation).

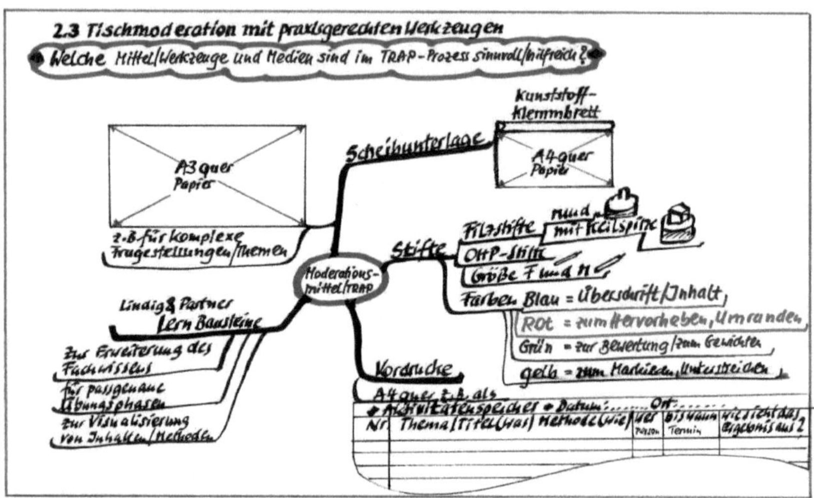

3.0 Beratungsprozesse

Meine Fragen und Themen werden aus acht beruflichen Szenarien mit folgender Struktur deutlich.

Erstens: Beginn der Beratung mit Situationsbeschreibung, Entwicklungsfragen und Gliederung.

Zweitens: Themenbearbeitung, z.B. Tischmoderation mit kreativer Visualisierung (KV), Bewertung

Drittens: Ergebnissicherung und Notizen im Aktivitätenspeicher (AS). Damit ist die Grundlage für eine effektive Umsetzung für die Phase des Lern- und Praxistransfers gelegt.

Der **persönliche Entwicklungsplan (PEP)** ermöglicht mir eine gezielte Aktivitätenplanung und eine Rückschau. Am Beratungsende bewerten Klient und Berater Verlauf, Klima und Ergebnis. Dazu passende Methoden. (siehe hierzu Seite 26)

Am Kapitelende folgt die Zusammenfassung. Das „**Wichtigste auf einen Blick**" dient Ihnen zur Reflexion und Vertiefung. Ihre persönliche Fragestellung kann oben auf dem Blatt notiert werden. Erleben Sie, wie Sie sich von Chart zu Chart weiter entwickeln, Ihre beruflichen Fragen leichter beantworten können.

Mit der KV Methodik notieren Sie Ihre Fragen und Antworten. Ihr aktuelles Thema:

„In welchen beruflichen Situationen könnte Beratung / Coaching für Sie sinnvoll sein?"

Anregung zur Weiterarbeit / Fachliteratur:

Buzan, T.: Business Mind Mapping – visuell organisieren, übersichtlich strukturieren, Arbeitstechniken optimieren, Wien 1999
Buzan, T., Israel, R.: Brain Selling, Kopftraining für Verkäufer, Landsberg/Lech 1993
Michael J, Sich selbst präsentieren – Mit Mind-Mapping und A. Technik 3. Auflage, GABAL Offenbach 2000
Knoll, J.: Kurs- und Seminarmethoden. Beltz, Weinheim und Basel (11. Aufl.) 2007
Weidenmann, B.: Erfolgreiche Kurse und Seminar. Beltz, Weinheim und Basel (7. Aufl.) 2007
Steiner, G.: Lernen: 20 Szenarien aus dem Alltag. Huber, Bern (4. Aufl.) 2007

3.1.0 Erstes Thema: Hineinwachsen in die neue Rolle des Vertriebsleiters

3.1.1 Anlass/Situationsbeschreibung:

Unser Produktions- und Handelsunternehmen möchte den Vertrieb weiter ausbauen und stabilisieren. Der zentrale Vertrieb ist in neun Regionen unterteilt. Die Vertriebsleitung wurde von Dr. Schwarz an mich übertragen.

Wichtige Zielvereinbarungen sind zwischen der Geschäftsführung und mir getroffen worden. Messgrößen wie Güte, Menge, Zeit und Kosten sind von uns akzeptiert. Vorrang hat die Entwicklung direkter Kundenbeziehungen und die Steigerung von Umsatz und Ertrag. Optimiert werden soll Leistung und Einsatz aller Mitarbeiter. Ein externer Berater und Coach wird mich in dem Entwicklungsprozess unterstützten.

3.1.2 Entwicklungsfragen von Felix Klar

1. Wie, womit und bis wann will ich die strategischen Ziele souverän umsetzen?
2. Wie erreiche ich mit meinem Team die vereinbarten Ziele, wie die Umsetzung des Aktivitätenplanes?
3. Wie kann ich meine Mitarbeiter ergebnisorientiert führen?

3.1.3 Beratung 1. am 18.06 Struktur des ersten Tages:

1. Zusammenarbeit zwischen dem Berater und mir

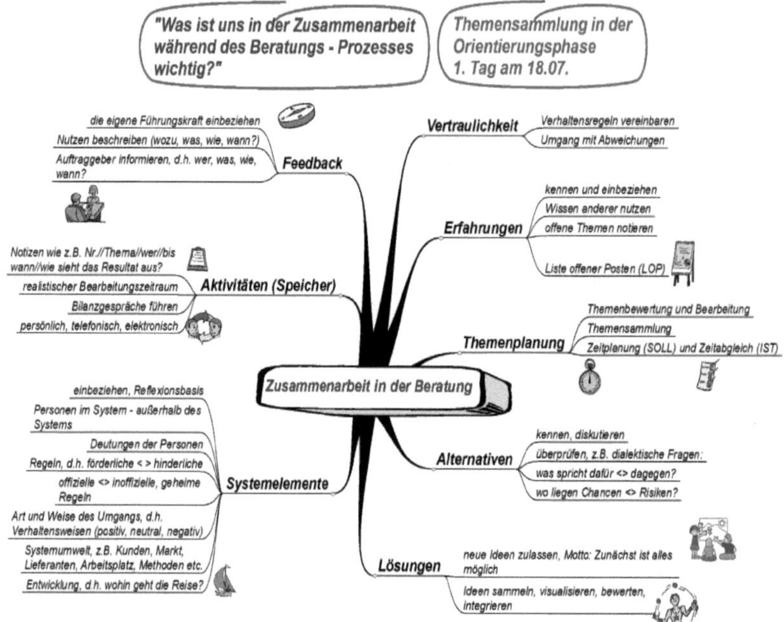

2. Themensammlung für den Beratungsprozess und Bewertungen

Themensammlung

3. **Umgang mit Veränderungen (systemischer Blickwinkel)**
4. **Themenbearbeitung am Beispiel der Gesprächsvorbereitung mit GF Dr. Schwarz**
5. **Ergebnisse im Aktivitätenspeicher (AS) fixieren**
6. **Den Lern- und Praxistransfer sichern**
7. **Tagesauswertung**

„Welche Themen möchte ich als Vertriebsleiter (VL) bearbeiten und klären?"

Verhaltensregeln vereinbaren

2. Themensammlung und Bewertung:

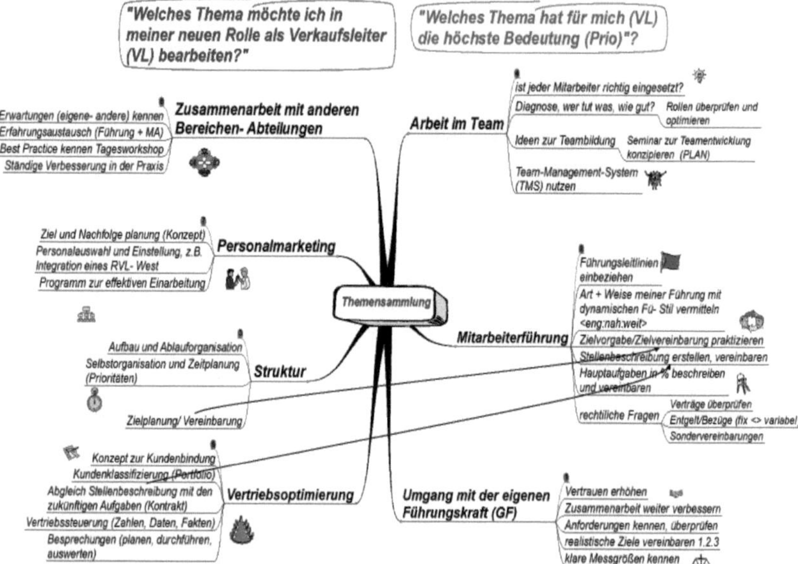

3. Umgang mit Veränderungen, Auswirkungen, Beziehungen und Fragen aus dem systemischen Blickwinkel (siehe Anhang auf Seite 2)

Am ersten Tag beschreibe ich meine Situation und stelle folgende Fragen:

- Wie kann ich meine berufliche Zukunft erhellen, meine Wünsche und Erwartungen mit einbeziehen?
- Wie kann ich meine Beziehung zu GF Dr. Schwarz und zu den Kollegen anderer Bereiche klären?
- Wie kann ich meine neue Rolle im Unternehmen mit Leben füllen.
- Wie kann ich die damit verbundenen Kompetenzen für eine gewinnbringende Unternehmensentwicklung nutzen?

Mit der Führungsrolle werden für mich neue Regeln bedeutsam.

offizielle Regeln:
- Organigramm mit klarer Verantwortlichkeit
- Methoden zum Vertriebscontrolling
- Regeln der Personalabteilung, d.h. Ein- und Freistellung von Mitarbeitern
- Regeln für die Personalentwicklung
- Struktur zur Kundenbewertung (8 Felder Portfolio),

inoffizielle Regeln:

- was muss ein neuer Mitarbeiter tun um die Unternehmenspolitik zu verstehen
- was ist erlaubt
- was ist unerwünscht
- was wird sanktioniert

Ich interpretiere die aktuellen Einflüsse zur Rolle und zur Akzeptanz.

Dieses Verhalten löst bei mir **subjektive Deutungen** aus.

- Wie werde ich vom Geschäftsführer Dr. Schwarz in meinen Entscheidungen unterstützt?
- Wie werde ich als Vertriebsleiter neue Ideen, Methoden durchsetzen können?
- Wie werde ich mit Abweichungen umgehen?

Markt, Mitbewerber und Umweltfaktoren beeinflussen mich in der Wachstumsphase.

- Wie entwickelt sich der Markt, die Kundenbedürfnisse?
- Mit welchen Methoden könnte ich die Entwicklung souverän planen und steuern?
- Wie können wir Mitbewerber mit ihren Strategien, Techniken und Methoden genauer kennenlernen und auf sie reagieren?
- Welche technischen Erleichterungen (IT, Info – Systeme, PKW) können unsere Vertriebsmitarbeiter zukünftig nutzen?
- Mit welcher Wertschöpfung ist zu rechnen?
- Welche geeigneten internen Strukturen, Abläufe beeinflussen eine zielgerichtete Vertriebsarbeit?

In meiner neuen Rolle bewerte ich die aktuelle Geschäftssituation und blicke auf die zukünftige Entwicklung im Unternehmen. Mich beschäftigen dabei folgende Fragen:

- Welche Produkte werden zukünftig von aktiven Kunden bevorzugt?
- Wie können wir Herausforderungen und Bedürfnisse bei unseren Kunden erkennen, geeignete Produkte, Tools, Dienstleistungen entwickeln, präsentieren und Nutzen stiften?
- Welche potentiellen Kunden möchten wir genauer kennenlernen?
- Wie können wir im Vertriebsteam visionieren, wie Ideen entwickeln?
- Wie können wir unseren Unternehmensauftrag präzisieren?
- Welche geeigneten Methoden finden haben wir dazu?

4.0 Themenbearbeitung:

„Welche Vorbereitung könnte das Gespräch mit GF Dr. Schwarz positiv beeinflussen?“

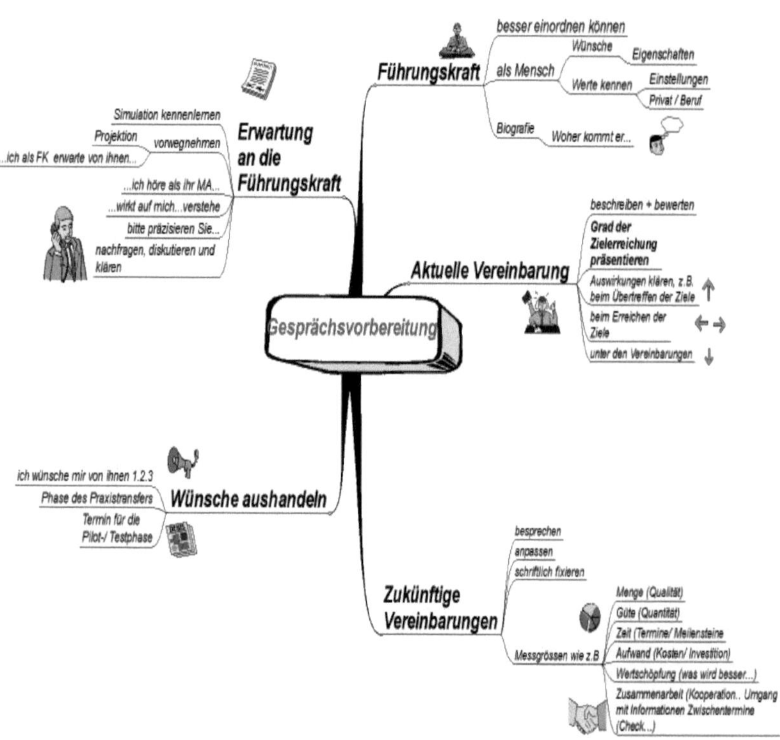

4.1 Vorbereitungen zur Beziehungsdynamik zwischen mir und Dr. Schwarz:

„Wie kann die optimale Arbeitsbeziehung zu Dr. Schwarz aussehen?“

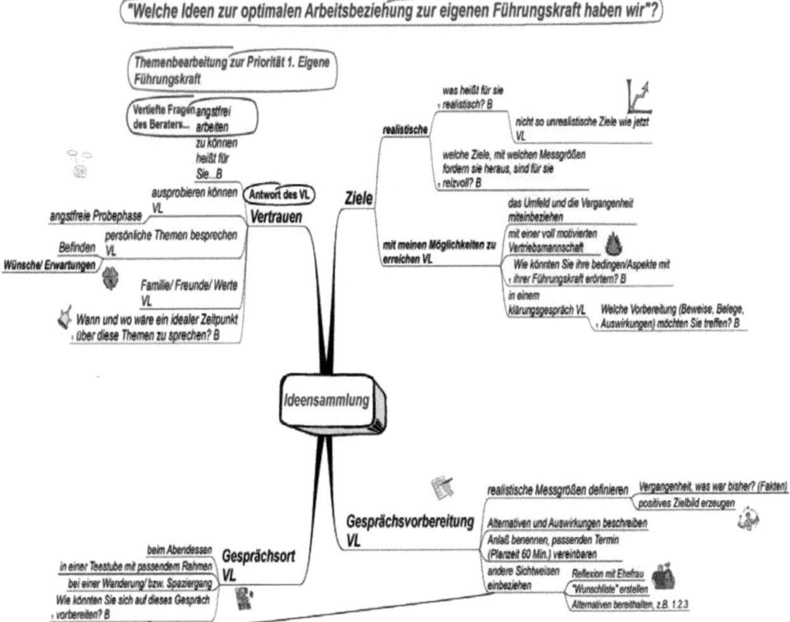

a) AGENDA zur Rolle, Aufgabe und Ausrichtung mit Dr. Schwarz

<table>
<tr><th colspan="3">Gesprächsplanung mit Herrn Dr. Schwarz</th><th>Unternehmen:</th><th>Ort: Essen</th><th>Datum/Zeit: 24.06. ab 09:30</th></tr>
<tr><th>Nr.</th><th>Plan-zeit</th><th colspan="2">Thema / Titel</th><th colspan="2">Wie sieht das Ergebnis aus?</th></tr>
<tr><td>1.</td><td>10'</td><td colspan="2">Begrüßung, Einstimmung, Themenorientierung</td><td colspan="2">Themen sind klar</td></tr>
<tr><td>2.</td><td>5'</td><td colspan="2">Anlass, Situationsbeschreibung und Entwicklungsfragen aus Sicht des Vertriebsleiters und GF</td><td colspan="2">Anlass zur Vertriebsentwicklung ist deutlich, Entwicklungsfelder sind formuliert</td></tr>
<tr><td>3.</td><td>45'</td><td colspan="2">Ideen zur Organisations- /Personalentwicklung (u. a. interne Strukturen, Personal im Vertriebsbereich, Rolle des Vertriebsleiters, Stellenbeschreibung), Erfahrungsaustausch, Reflexion, Auswirkungen auf die zukünftige Unternehmensentwicklung</td><td colspan="2">Ideen zur OE/PE sind reflektiert, Auswirkungen auf das Unternehmen beschrieben</td></tr>
<tr><td>4.</td><td>5'</td><td colspan="2">die nächsten Schritte im Aktivitätenspeicher notieren</td><td colspan="2">Die Ergebnisse sind im AS notiert</td></tr>
<tr><td>5.</td><td>5'</td><td colspan="2">Gesprächsauswertung: Zum Verlauf, zu den Ergebnissen und zum persönlichen Befinden der Gesprächspartner</td><td colspan="2">Feedback ist erfolgt</td></tr>
</table>

Stellenbeschreibung (SB) Hauptaufgaben in % Anteilen verteilt auf ein Jahr

In einer Stellenbeschreibung werde ich als Vertriebsleiter die neuen Aufgaben und Kompetenzen fixieren, die mit Dr. Schwarz abgestimmt werden.

Stellenbeschreibung Felix Klar:

Nr.	**Hauptaufgabe / Was sind meine Aufgaben im kommenden Jahr?**	In % Anteile
1.	Umsetzung der strategischen Ziele (3 Jahresprogramm) mit definierten Messgrößen – Einzelheiten sind in der Zielvereinbarung vom Mai des laufenden Jahres präzisiert.	60%
2.	Vertriebsoptimierung, Kundenbindung und Neukundenakquisition	20%
3.	Führung der Mitarbeiter: Teamassistentin, Sekretärin, neun Mitarbeiter im regionalen Vertrieb - Regional-Verkaufs-Leiter (RVL)	20%

An meine Kollegen werden diese Informationen weitergeleitet. Im Vertriebsbereich werden meinen neuen Mitarbeitern die Auswirkungen verdeutlicht. Aus den Hauptaufgaben werden operative Ziele abgeleitet und vereinbart.

Dieses Verfahren bietet die Grundlage für eine Bewertung meiner Arbeiten und wird in unterjährigen Gesprächen mit dem Geschäftsführer Dr. Schwarz abgeglichen. Weiteren Themen (Prioritäten 2 – 7) werden in Folgeschritten mit meinem Berater und Coach bearbeitet.

5. Ergebnisse im Aktivitätenspeicher fixieren Ort: Essen, den 18.06

Nr.	**Thema / Titel (Was möchte ich unternehmen)**	**Wer, mit wem**	**Bis wann**	**Wie beschreibe ich das Ergebnis?**	Erfüll-ung %
1.	GF Dr. Schwarz genauer kennenlernen, privat und beruflich	Felix K. mit Dr. Schwarz	22.06.	Erster Termin ist abgesprochen. Die Anliegen sind ver-standen, akzeptiert.	
2.	Gedankliche und schriftliche Vorbereitung. Arbeitsvertrag studieren, Hauptaufgaben formulieren, aktuelle Vorgaben und Vereinbarungen (Zahlen, Daten, Fakten = ZDF) überprüfen, Auswirkungen auf die eigene Rolle beschreiben, Mitarbeiter (MA) in einer Teambesprechung informieren.	Felix K. mit Trainer und Ehefrau mit MA	21.06.	Schriftliche Vorberei-tung liegt vor, dient zur Sicherheit und zur Argumentationshilfe im Gespräch. Mitarbeiter sind informiert.	
3,	Gespräch mit Dr. Schwarz führen. Inhalte sind u.a. Selbst- Fremdbild-Abgleich, Klärung zur Art und Weise der Zusammenarbeit, zum Informa-tionsaustausch zum Führungsstil.	Felix K. mit Dr. Schwarz	30.07.	Gespräch ist erfolgt Zusammenarbeit geklärt, Messgrößen sind reflektiert, angepasst.	
4.	Information an Teammitglieder über Messgrößen, Art und Weise der Zusammenarbeit sowie zukünftiger Herausforderungen (Aktivitätenplanung).	Felix Klar mit Teammit-gliedern	offen	Mitarbeiter kennen die Messgrößen, die Art der Zusammenarbeit im Team.	

6. Meinen Lern- /Praxistransfer sichern, Notizen im persönlichen Entwicklungsplan
Zur erfolgreichen Umsetzung notiere ich wichtige Schritte im Entwicklungsplan.

1. Was war in dieser Beratung das Wichtigste für mich?

2. Was hatte außerdem Bedeutung?

3. Was will ich zukünftig nicht mehr machen?

4. Was will ich stattdessen tun?

5. Welches Symbol wähle ich aus, welche Mittel und Methoden möchte ich nutzen?

6. Wer oder was könnte mich bei dieser Entwicklung begleiten?

7. Wie sieht das positive Resultat aus?

"Statt große Schritte zu planen, ist es für mich sinnvoller, machbare Ziele mit Freude in die Praxis umzusetzen."

7. Tagesauswertung

1. Freie Form mit der Überschrift: „Wie war es heute für mich?"
Damit kann ich als Klient die Ergebnisse bewerten und meine Zufriedenheit äußern.

Gradmessung meiner Zufriedenheit
Bewertungen der Ergebnisse werden auf einem Zahlenstrang dargestellt:

0	5	10
< total unzufrieden		sehr zufrieden >

Meine Aussagen werden notiert. Die gemeinsamen Optimierungsfelder können analysiert werden. Transparenz und Möglichkeit zur Verbesserung im Beratungsprozess werden so geschaffen.

2. Strukturierte Tagesauswertung mit der Überschrift:
„Wie zufrieden bin ich mit Verlauf und Ergebnis meiner Beratung/meines Coachings?"
Schriftlich werden Antworten begründet und notiert.

Zum ersten Thema das Wichtigste auf einen Blick:

- Sammeln und bewerten Sie die Auswirkungen, die sich mit einer Veränderung
- Ihrer Berufsrolle ergeben.
- Nutzen Sie Rückmeldungen von Kollegen, Geschäftspartnern, Freunden und
- Familienmitgliedern zur Ausrichtung.
- Betrachten Sie Ihre berufliche Veränderung als Chance.
- Verwenden Sie eine kraftvolle Sprache, seien Sie „Power Talker".
- Reflektieren Sie mit einem Vertrauenspartner Einzelheiten, die sich mit der
- Veränderung in Ihrer Rolle ergeben.
- Beziehen Sie die sechs Elemente sozialer Systeme ein, überprüfen
- Sie Abhängigkeiten.
- Nutzen Sie zur ganzheitlichen Zielanimation ein Symbol, einen Gegenstand mit Bedeutung
- Führen Sie Einzelgespräche mit Ihrer neuen Führungskraft.
- Nutzen Sie die Gelegenheit neben den Themen zur strategischen Ausrichtung
- auch über die Art und Weise der Zusammenarbeit zu sprechen.
- Vereinbaren Sie mit Ihrer Führungskraft regelmäßige Reflexionsrunden
- (Feedbackgespräche) zum Selbst- und Fremdbildabgleich.
- Stimmen Sie langfristige und strategische Ziele mit Ihrer Führungskraft ab.
- Treffen Sie machbare Vereinbarungen und führen Sie Bilanzgespräche
- zum Abgleich durch.
- Erstellen Sie eine Stellenbeschreibung zur Verdeutlichung Ihrer Berufsrolle.
- Definieren Sie 3 – 4 Hauptaufgaben mit Prozentaufteilung.
- Beschreiben Sie die Aufgaben im Einzelnen, gleichen Sie diese mit Ihrer
- Führungskraft im Jahresgespräch ab.

Anregung zur Weiterarbeit / Fachliteratur:

König, E. (Hrsg.), Volmer, G.: Handbuch Systemisches Coaching, für Führungskräfte, Berater und Trainer, Weinheim 2009
König, E. (Hrsg.) Volmer, G.: Handbuch Systemische Organisationsberatung, Weinheim 2008
Meinhardt, K., Weber, H.: Erfolg durch Coaching-Führung im 21. J., Hamburg 2000
Fischer, P.: Neu auf dem Chefsessel. Redline Wirtschaft, München (9. Aufl.= 2007
Watkins, M.: Die entscheidenden 90 Tage. Campus, Frankfurt / New York
Dietz, I., Dietz, T.: Selbst in Führung. Junfermann, Paderborn 2007
Bührmann, T.: Übergänge in sozialen Systemen. Beltz, Weinheim und Basel 2008
Schulz von Thun, F.: Miteinander reden Band 1. Störungen und Klärungen, Psychologie der zwischenmenschlichen Kommunikation, 34 Auflage, HH Reinbek 2001
Schulz von Thun, F.: Miteinander reden Band 2. Klärungshilfe, Handbuch für Therapeuten, Gesprächshelfer und Moderatoren in schwierigen Gesprächen, Theorien, Methoden und Beispiele, HH Reinbek 1990
Dehner, Ulrich und Renate: Coaching als Führungsinstrument. Campus, Frankfurt / New York 2004

Ihre Übungsseite: „Zu welcher Frage suchen Sie eine Antwort?“

Ihre Notizen auf der Übungsseite

„Welche Ergebnisse wollen Sie sich in Ihrem Aktivitätenspeicher notieren?“

Nr.	Thema / Titel (Was möchten Sie konkret tun?)	Wer, mit wem	Bis wann	Wie beschreibe Sie das Ergebnis?	Erfüllung in %
1.					
2.					
3.					
4.					

3.2.0 Zweites Thema: Führung und Kommunikation

Situationsbeschreibung

Anfang des Jahres wurde ich von der Geschäftsführung zum Vertriebsleiter Deutschland ernannt. In meiner früheren Tätigkeit zeichnete ich mich durch hohe Fachkompetenz und handwerkliches Geschick aus. In Vertriebsprojekten sammelte ich als Projektleiter wichtige Erfahrungen für meine neue Führungsaufgabe.
Ergänzend zur Fach- und Methodenkompetenz möchte ich meine Persönlichkeit weiterentwickeln. Kontaktfreudigkeit und der Umgang mit Menschen gehören zu meinen Stärken.
Der Geschäftsführer Dr. Schwarz empfahl mir meine sozialen Kompetenzen zu vertiefen. Er betont die Bedeutung für eine konstruktive Führung der Vertriebsmitarbeiter.

Meine Entwicklungsfragen

1. Wie kann ich die Beziehung zu meinen Mitarbeitern, Vertriebsassistentin, Sekretärin und den Regional Verkaufsleiter (RVL) festigen und alle zu einem erfolgreichen Team zusammenschweißen?
2. Wie kann ich meine Mitarbeiter dynamischen führen?
3. Wie kann ich mit jedem Mitarbeiter auf Basis einer Stellenbeschreibung klare Vereinbarungen treffen?

3.2.1 Beratung 2. am 18.08.

Struktur des zweiten Tages:

1. Rückschau auf die Umsetzungsphase (auf Basis des Aktivitätenspeichers vom 18.06.)
2. Bestandsaufnahme zur Führung
3. Strukturierte Führung mit Hintergrundinformationen, z.B. zum dynamischen Führungsstil
4. Themenbearbeitung, u.a. Musterstellenbeschreibung für einen RVL
5. Ergebnisse im Aktivitätenspeicher (AS) fixieren
6. Den Lern- und Praxistransfer sichern
7. Tagesauswertung, siehe Beispiel unter 3.1.3 Punkt 7

1. Rückschau auf die Umsetzungsphase - Präsentation der Ergebnisse, Reflexion, Bewertung, Konsequenzen:

a) Wie zufrieden bin ich mit der Umsetzungsphase, was ist mir gelungen/misslungen?
b) Welche Gründe führe ich hierzu an, welche Konsequenzen könnten daraus entstehen?
c) Wie kann ich die Erfahrungen für zukünftige Aktivitäten nutzen?

2. Bestandsaufnahme zur Führung mit der Frage:
„Was ist mir bei der Führung meiner Mitarbeiter wichtig**?**"

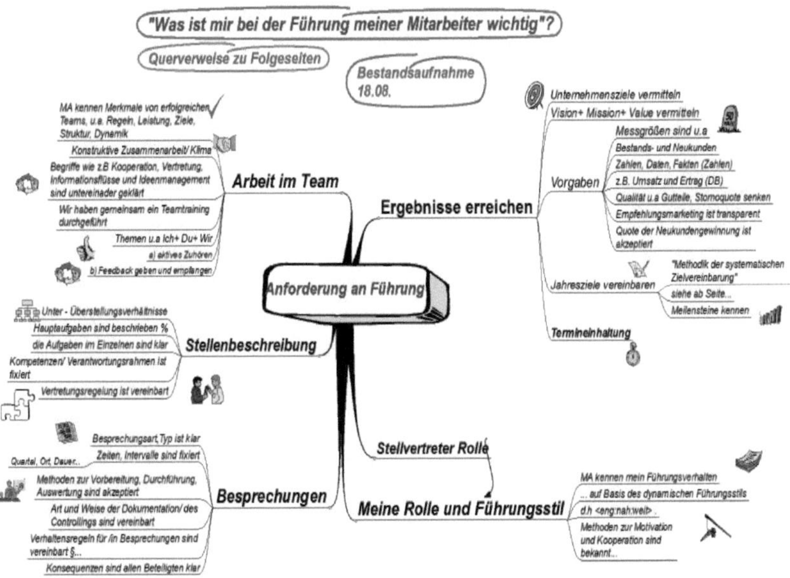

3. Themenbearbeitung / Ideen für die Führungspraxis

- Zusammenhänge für die Unternehmensentwicklung (Vision, Value, Mission)
- Dynamischer Führungsstil

- Führen in sozialen Systemen
- Systematische Zielvereinbarung mit Messgrößen/ Ablaufschritte + Vorgehensweise
- Mitarbeitergespräche
- Aufbau einer Stellenbeschreibung / Musterstellenbeschreibung für Rolf M. Regional Verkaufsleiter = RVL

5. Ergebnisse im Aktivitätenspeicher fixieren Ort: Essen, den 18.08. Person: Felix K.

Nr	Thema / Titel (Was möchte ich unternehmen)	Wer, mit wem	Bis wann	Wie beschreibe ich das Ergebnis?	Erfüll-ung in %
1.	Zusammenhänge verdeutlichen, z.B. Aussagen über die Vision, Mission und den Werten im Unternehmen, kurz- und mittelfristige Ziele präsentieren, reflektieren, Auswirkungen aufs eigene Team besprechen.	Felix K. mit allen MA im Team	15.09.	MA kennen die Einstellungen und zentrale Aussagen (Vision, Value, Mission, Ziele usw.) der Geschäftsführung).	
2.	Stellenbeschreibung (SB) für jeden MA erstellen, im Einzelgespräch präsentieren, präzisieren und vereinbaren. Ergebnisse als Bestandteil der Personalakte vorbereiten.	Felix K. mit MA und Pers. Abteil-ung	30.10.	MA kennen Ziele, Nutzen, Aufbau der SB, haben Hauptaufgaben und weitere Absprachen akzeptiert.	
3.	Zielvorgabe präsentieren, Zielvereinbarungen mit allen MA treffen.	Felix K. mit MA	15.11.	MA kennen Vorgaben haben Vereinbar-ungen akzeptiert.	

Zum zweiten Thema das Wichtigste auf einen Blick:

- Laden Sie Ihre Mitarbeiter zu einem Startworkshop ein. Präsentieren Sie Ihre Vorstellung zur Zusammenarbeit und beschreiben Sie anhand von Beispielen den dynamischen Führungsstil.
- Erläutern Sie die Zusammenhänge der Unternehmensziele bis hin zu Mitarbeiterzielen (Kaskade). Planen Sie mit Ihren Mitarbeitern den Prozess zur

Zielfindung im Team, beschreiben Sie realistische Messgrößen und werben Sie für eine engagierte Umsetzung der Ziele.

- Beschreiben Sie den Nutzen einer Stellenbeschreibung für die Mitarbeiter, die Kollegen und die Führungskräfte. Präsentieren Sie eine Stellenbeschreibung mit 3 –4 Hauptaufgaben und den Aufgaben im Einzelnen. Treffen Sie mit Ihren Mitarbeitern Vereinbarungen zur Definition, Erprobung der Stellenbeschreibung und den Feedbackprozess.
- Reservieren Sie sich die Zeit, die Sie für die effektive Führung Ihrer Mitarbeiter benötigen.
- Sprechen Sie über Ihre Vorbildfunktion und leben Sie das, was Sie predigen!

Anregung zur Weiterarbeit / Fachliteratur:

Innerhofer, C.+ P. Lang, E.: Leadership Coaching. Führen durch Analyse, Zielvereinbarung und Feedback, Neuwied 2000

Glasl, F.: Konfliktmanagement: Ein Handbuch für Führungskräfte, Beraterinnen und Berater. Haupt Bern 2008

Simon, W.: Ziele managen, Ziele planen und formulieren, zielgerichtet denken und handeln, 4. Auflage Offenbach 2000

Laufer, H.: Grundlagen erfolgreicher Mitarbeiterführung. GABAL, Offenbach (5. Aufl.) 2008

Rosenstiel, L.: Führung von Mitarbeiter. Handbuch für erfolgreiches Personalmanagement. Stuttgart (6. Aufl.) Schäffer-Poeschel, 2009

Sprenger, R. K.: Vertrauen führt. Campus, Frankfurt / New York (3. Aufl.) 2007

Neuberger, O.: Personalentwicklung. Enke, Stuttgart (2. Aufl.) 1994

Fengler, J.: Feedback geben. Beltz, Weinheim und Base (4. Aufl.) 2009

Haberleitner, E.: Führen, fördern, coachen. Piper, München / Zürich (10. Aufl.) 2008

Kreyenberg, J.: 99 Tipps zum Coachen von Mitarbeitern. Scriptor, Berlin 2008

Motamedi, S.: Konfliktmanagement, vom Konfliktvermeider zum Konfliktmanager – Grundlagen, Techniken, Lösungswege, Offenbach 1999

Schreyögg, A.: Konfliktcoaching: Anleitung für den Coach. Campus, Frankfurt / New York 2003

Peschanel, F.: Phänomen Konflikt, Die Kunst erfolgreicher Lösungsstrategien, Paderborn 1993

König, E (Hrsg.) Zedler, P.: Theorien d. Erziehungswissenschaft, Einführung in Grundlagen,
Methoden/ Konsequenzen, Weinheim 1998
Reischmann, J.: Weiterbildungs-Evaluation: Lernerfolge messbar machen. Ziel, Neuwied (2. Aufl.) 2006
Gollwitzer, M, Jäger, Reinhold, S.: Evaluation, Workbook. Beltz/PVU, Weinheim und Basel 2007

„Zu welcher Frage suchen Sie eine Antwort?"

Ihre Notizen auf der Übungsseite

„Welche Ergebnisse wollen Sie sich in Ihrem Aktivitätenspeicher notieren?"

Nr.	Thema / Titel (Was möchten Sie konkret tun?)	Wer, mit wem	Bis wann	Wie beschreibe Sie das Ergebnis?	Erfüllung in %
1.					
2.					
3.					
4.					

3.3.0 Drittes Thema: Aufbau- und Ablauforganisation überprüfen - Prozesse optimieren

Situationsbeschreibung / Hintergrundinformationen

Die Vergangenheit im Vertrieb war geprägt von lockeren Strukturen und diffusen Prozessen. Mit Rollenübernahme verpflichtete ich mich, die Prozesse im Vertrieb zu überprüfen und bedarfsgerecht zu optimieren. Eine weitere Herausforderung besteht für mich im Umgang mit meiner persönlichen Zeit und den Transfer zum Vertrieb.

3.3.1 Entwicklungsfragen

1. Wie können wir im Vertriebsteam die Prozesse überprüfen und optimieren?
2. Wie können wir anschließend die Aufbau- und Ablauforganisation anpassen?
3. Wie kann ich meine Selbstorganisation und konsequente Zeitplanung weiter verbessern?
4. Wie können Erfahrungen der Teammitglieder im Zeitmanagement genutzt werden?

3.3.2 Beratung 3. am 18.10.

Struktur des dritten Tages:

1. Rückschau auf die Umsetzungsphase (als Basis dient der Aktivitätenspeicher vom 18.08.)
2. Bestandsaufnahme zu Prozessen, zur Aufbau- und Ablauforganisation, zu den Qualitätsmanagement- Systemen und zur Selbstorganisation und Zeitplanung (vertiefende Informationen siehe Anhang)
3. Themenbewertung (Prioritäten setzen)
4. Ergebnisse im Aktivitätenspeicher (AS) fixieren (siehe Folgeseite)
5. Den Lern- und Praxistransfer sichern
6. Tagesauswertung, siehe Beispiel unter 3.1.3 Punkt 7

Zu 1. Rückschau auf die Umsetzungsphase (Präsentation der Ergebnisse, Reflexion, Bewertung, Konsequenzen) – Fragenfolge:

a) Wie zufrieden bin ich mit der Umsetzungsphase, was ist mir gelungen/misslungen?

b) Welche Gründe führe ich hierzu an, welche Konsequenzen könnten daraus entstehen?

c) Wie kann ich die Erfahrungen für zukünftige Aktivitäten nutzen?

2. Bestandsaufnahme zur Struktur und Organisation im Vertrieb:

a) „Wie können wir die Strukturen, Organisation, die Prozesse im Vertrieb überprüfen und optimieren?“

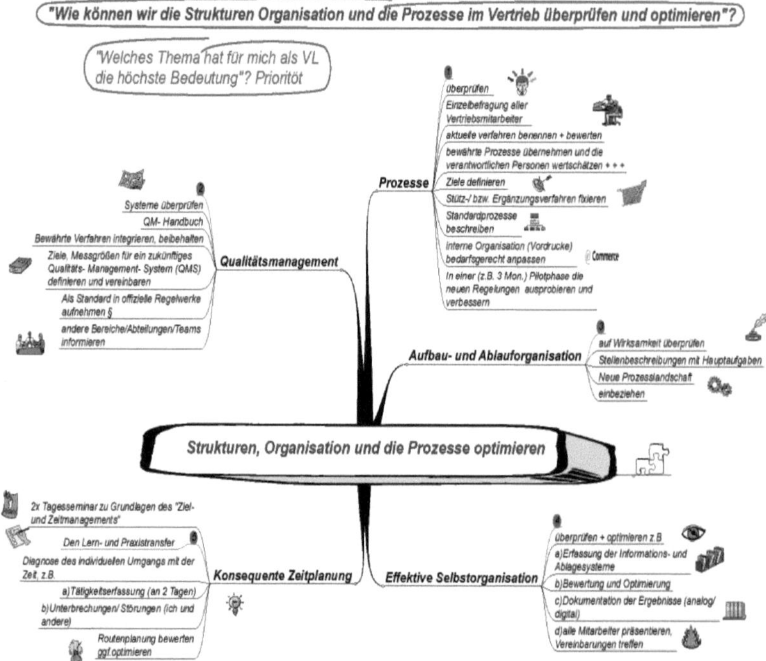

b) „Welches Thema hat für uns die höchste Bedeutung?“

3. Vertiefende Informationen zur effektiven Selbstorganisation und konsequenten Zeitplanung (siehe Anhang)

A) Einleitung zum Thema Ziel- Zeit- und Lebensmanagement

B) Zentrale Fragen die Sie als Führungskraft beschäftigen

C) Systematische Planung mit der Methode ALPEN

D) Grundregeln der Zeitplanung

E) Dringlichkeit und Wichtigkeit, Schnellcheck – Methode

F) Vorteile der Prioritätensetzung

G) Das Pareto – Prinzip, Wertschöpfung bei der Entscheidungsfindung

4. Ergebnisse im Aktivitätenspeicher fixieren Ort: Essen, den 18.10. Person: Felix K.

Nr.	**Thema / Titel (Was möchte ich unternehmen)**	**Wer, mit wem**	**Bis wann**	**Wie beschreibe ich das Ergebnis?**	Erfüll-ung%
1.0 1.1 1.2 1.3	Prozesse überprüfen. Prozesse und Verfahren (Vordrucke) sichten Präsentation der Ergebnisse (Meeting) Standardprozesse beschreiben (Expertenteam)	Paul + MA Hugo + Paul mit MA Hugo, Paul + Felix K.	15.11. 15.11. 20.11. 12.12.	Einzelbefragung der MA ist erfolgt Ergebnisse sind ausgewertet und Felix K. präsentiert. Verfahren sind bekannt Ergebnisse und Prozesse sind allen MA präsentiert	
2.0 2.1. 2.2 2.3	Qualitäts- Management – System (QMS) überprüfen Präsentation der Ergebnisse Neue QMS fixieren (Messgrößen beachten) QMS als Regelwerk in die Prozesslandschaft integrieren	Christiane + Sven Christiane + MA Christiane, Sven + Paul	15.11. 27.11. 30.01. 20.02. 01.03.	Diagnose liegt vor Ergebnisse sind klar und reflektiert. QM - System ist definiert und präsentiert. Verfahren sind harmonisiert und allen MA verständlich	
3.0 3.1 3.2	Aufbau- und Ablauforganisation überprüfen Infos zur Organisation allen MA darstellen Andere Bereiche und Abteilungen informieren	Felix K. + Paul Felix K. + Paul Felix K. + Paul	25.02. 02.03. 06.03	Bewertung liegt vor. MA kennen aktuelle Orga, haben diese akzeptiert neue Zuständigkeiten sind anderen MA bekannt	
4.0 4.1 4.2 4.3 4.4	Informations- und Ablagesysteme überprüfen Ideen zur Selbstorganisation benennen, Verbesserungen bearbeiten Tätigkeitserfassung diagnostizieren, sie dient zur Entwicklung des Ziel- und Zeitmanagements, Tagesseminar zur Auswertung buchen Den Lern- und Praxistransfer sichern	Björn + Ulla alle MA im Team- meeting alle MA MA und Trainer jeder MA	01.12. 15.12. 15.03. 05.04. 17.06.	Info- und Ablagesys- teme sind allen MA transparent neue Methoden und Ver- fahren sind vereinbart Ergebnisse liegen vor neue Erkenntnisse sind notiert und schrittweise umgesetzt	

Zum dritten Thema das Wichtigste auf einen Blick:

- Stimmen Sie Ihre Vorstellung zur Aufbau- /Ablauforganisation mit Ihrer Führungskraft ab.
- Vereinbaren Sie Bilanztermine zum Abgleich.
- Diagnostizieren Sie Ihre internen Prozesse, Qualitäts- Management – Systeme (QMS).
- Stimmen Sie Ihre Informations- und Kommunikationswege ab.
- Planen Sie mit interessierten Mitarbeitern einen Workshop zur Reflexion.
- Optimieren Sie gemeinsam mit Ihren Mitarbeitern interne Prozesse und treffen Vereinbarungen zur Umsetzung. Nutzen Sie den Aktivitätenspeicher als Steuerungsinstrument.
- Optimieren Sie Ihre QM – Systeme und nutzen Sie Methoden aus dem Projektmanagement.
- Initiieren Sie ein Programm zur kontinuierlichen Verbesserung von Verfahren u. Prozessen.
- Besprechen Sie mit Ihren Mitarbeitern eine individuelle Zeitplanung.
- Bieten Sie Unterstützungssysteme an, z.B. Training am Arbeitsplatz.
- Führen Sie eine Fortbildung durch zum Thema: „Effektive Selbstorganisation und konsequente Zeitplanung".
- Wecken Sie Bewusstsein zum wertschöpfenden Umgang mit der Zeit.

Anregung zur Weiterarbeit / Fachliteratur:

Kaplan, Robert, S., Norton, David, P.: Balanced Scorecard. Schäffler-Poeschel, Stuttgart 1997

Feldbrügge, R., Brecht-Hadraschek, B.: Prozessmanagement leicht gemacht. Redline, M. 2008

Schmelzer, Hermann, J., Sesselmann, W.: Geschäftsprozessmanagement in der Praxis. Hanser, München (6. Aufl.) 2008

Simon, W.: Lust aufs Neue – Werkzeuge für das Innovationsmanagement, Offenbach 2001

König, E. (Hrsg.), Volmer, G.: Handbuch Systemische Organisationsberatung, Weinheim 2008

Graf-Götz, F., Glatz, H.: Handbuch Organisation gestalten. Beltz, Weinheim / Basel 2007

Schulz-Wimmer, H. Projekte managen – Werkzeuge für effizientes Organisieren, Durchführen und Nachhalten von Projekten incl. CD-ROM, DIN A1 Wand planer, 5 Min. Notfallprogramm, Muster und Checklisten, Planegg 2002

Bischof, A., Bischof, K.: Selbstmanagement effektiv und effizient. Haufe, Planegg (5. Aufl.) 2008

Seiwert, L.: Noch mehr Zeit für das Wesentliche. Hugendubel, Kreuzlingen / München 2006

„Zu welcher Frage suchen Sie eine Antwort?“

„Welche Ergebnisse wollen Sie sich in Ihrem Aktivitätenspeicher notieren?“

Nr.	Thema / Titel (Was möchten Sie konkret tun?)	Wer, mit wem	Bis wann	Wie beschreibe Sie das Ergebnis?	Erfüllung in %
1.					
2.					
3.					
4.					

3.4.0 Viertes Thema: Arbeit im Vertriebsteam, Teambildung und Teamentwicklung Situationsbeschreibung / Hintergrundinformationen

Nach meiner Übernahme der Vertriebsverantwortung zum 01.01. wurden auch Ziele zur strategischen Ausrichtung vereinbart. Mit geplanten 20 Prozent Arbeitsanteil sind Mitarbeiterführung und effektive Teamarbeit bedeutend. Die bisherige fünfköpfige Vertriebsmannschaft wurde auf 9 Personen erweitert.
Die unternehmerischen Vorgaben zur Quantität und Qualität sind in Zielvereinbarungen fixiert. Ergänzend soll ein neuer Mitarbeiter als „Regional - Vertriebsleiter“ (Muster siehe im Anhang Seite 16) ausgewählt und eingestellt werden. Zur seiner Integration wird eine neue Teambildung erforderlich.

3.4.1 Entwicklungsfragen

1. Wie kann ich Leistungsfähigkeit und Bereitschaft meiner Vertriebsmitarbeiter überprüfen?
2. Wie kann ich anhand von Stellenbeschreibung und Zielvereinbarung die Kompetenzen und Neigungen der Mitarbeiter besser erkennen?
3. Wie können wir gemeinsam in einem Teamentwicklungsprozess Ziele und Ausrichtung im Vertrieb vereinbaren?

3.4.2 Beratung 4. am 18.12.

Struktur des vierten Tages:

1. Rückschau auf die Umsetzungsphase (als Basis dient der Aktivitätenspeicher vom 18.10.)
2. Bestandsaufnahme (Teamdiagnose mit TMS – Einzelheiten im Anhang ab Seite 25)
3. Themenbewertung (Prioritäten setzen)
4. Ergebnisse im Aktivitätenspeicher (AS) fixieren (siehe Folgeseite)
5. Den Lern- und Praxistransfer sichern
6. Tagesauswertung, siehe Beispiel unter 3.1.3 Punkt 7

1. **Rückschau auf die Umsetzungsphase** (Präsentation der Ergebnisse, Reflexion, Bewertung, Konsequenzen) – Fragenfolge:
   a) Wie zufrieden bin ich mit der Umsetzungsphase, was ist mir gelungen/misslungen?
   b) Welche Gründe führe ich hierzu an, welche Konsequenzen könnten daraus entstehen?
   c) Wie kann ich die Erfahrungen für zukünftige Aktivitäten nutzen?

2. **Bestandsaufnahme zur Teambildung und Teamentwicklung**:

a) „Was ist mir bei der Arbeit im Vertriebsteam wichtig?"

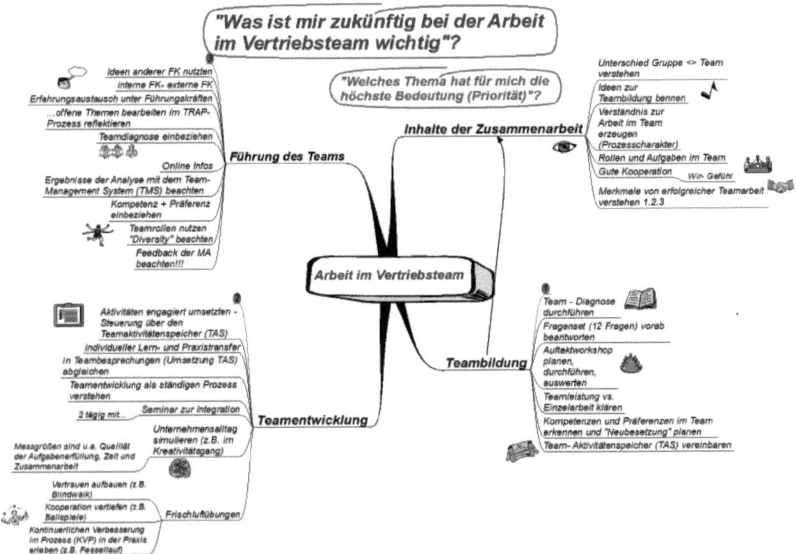

b) „Welches Thema hat für uns die höchste Bedeutung?

2.1. Themenbewertung und Themenbearbeitung

a) „Welche Ideen zur Teamentwicklung im zweitägigen Seminar haben wir?“

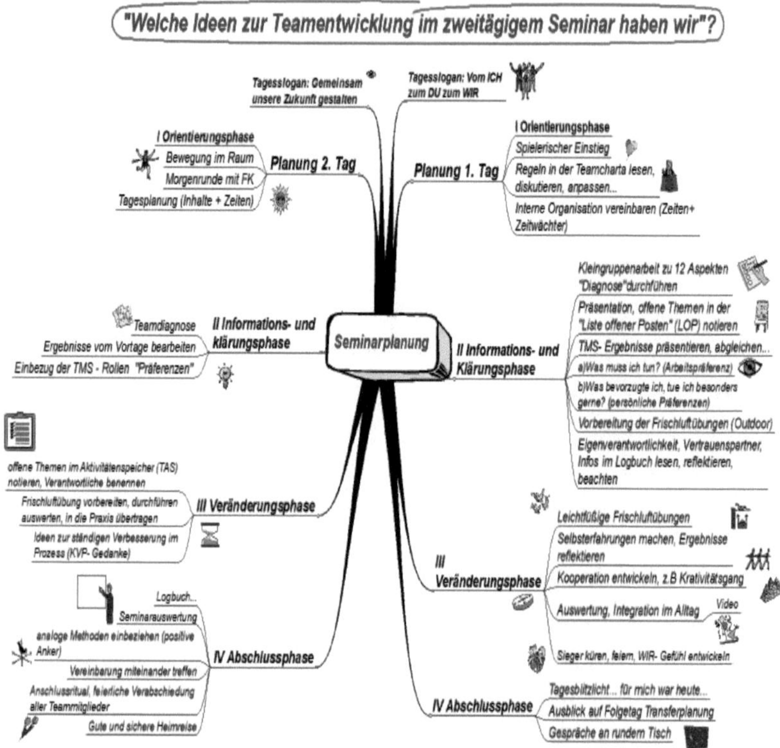

Hintergrundinformationen zur Gruppendynamik und Teamentwicklung

Gliederung:

A) Entstehung von Gruppen
B) Entstehung eines Teams
C) Gütekriterien für effektives Arbeiten im Team
D) Welche weiteren Merkmale/Eigenschaften kennzeichnet ein effektiv arbeitendes Team?
E) Die Teamentwicklungsuhr
F) Diagnose- und Bearbeitungsmethode „Teamuhr“
G) Team Charta
H) Team und Aufgaben...alles ist möglich!
I) Das Team – Management – System (TMS) von Margerison- McCann

4. Ergebnisse im Aktivitätenspeicher fixieren Ort: Essen, den 18.12. Person: Felix K.

Nr.	**Thema / Titel (Was möchte tun?)**	**Wer mit wem**	**Bis wann**	**Wie beschreibe ich das Ergebnis?**	**Erfüll-ung%**
1.	Ideen zur Teambildung bearbeiten a) jedes Teammitglied beantwortet 12 Fragen b) den TMS Fragebogen online beantworten. Vorbereitung z. Seminar „Teambildung", Termin vereinbaren, Ausrüstung stellen.	Jedes Team MG	20.01.	Fragebogen liegt vor und Antworten werden im Seminar erörtert Alle Teammitglieder sind über Folgeschritte informiert	
2.	Seminar zur Teambildung und Teamentwicklung durchführen. Ein zwei Tages-seminar mit Trainer ab-stimmen, im Meeting präsentieren. Lernbausteine „Arbeit im Team" lesen, markieren, im Seminar nutzen.	Felix K. RVL, Team-assist., Sekr. + Team MG	07.04.	Persönliche Erkenntnisse werden in den Alltag integriert. Ergebnisse des Aktivitätenspeichers werden schrittweise in die Praxis eingeflochten.	
3,	Führung und Kommunikation im Team mit der Methodik: a) TMS – Diagnose, d.h. Arbeits-anforderungen und Arbeits-präferenzen der Teammitglieder b) Methodik des dynamischen Führungsstils vermitteln c) Reflexion und Erfahrungs-austausch mit anderen FK	Felix K.	30.05.	Neue Verfahrensweisen zeigen Wirkung, interne Verbesserung der Beziehung, zunehmende Arbeitsleistung und bessere Kooperation der Teammitglieder	

Zum vierten Thema das Wichtigste auf einen Blick:

- Laden Sie Ihre Mitarbeiter zum offenen Austausch im Team ein.
- Motivieren Sie Ihre Mitarbeiter zur Bewertung der zwölf Fragen aus der Teamdiagnose.
- Ermöglichen Sie Ihren Mitarbeitern, das Team – Management – System (TMS) kennen zu lernen und ein Team Management Profil zu erstellen.
- Beschreiben Sie mit Ihren Mitarbeitern die Arbeitsanforderungen.
- Erkennen Sie ihre persönlichen Präferenzen, was tun sie gerne, wohin zieht es sie?
- Planen Sie mit einem externen Berater ein Zweitagesseminar.
- Kooperieren Sie mit der Abteilung Personalentwicklung.

- Treffen Sie mit Ihren Mitarbeitern Vereinbarungen und notieren Sie die Ergebnisse im Aktivitätenspeicher.
- Steuern Sie die Phase der Umsetzung und integrieren die Erkenntnisse im Arbeitsalltag.
- Werten Sie den Teamentwicklungsprozess aus, führen Sie Mitarbeitergespräche.
- Nutzen Sie die Erfahrungen für Ihren dynamischen Führungsprozess.

Anregung zur Weiterarbeit / Fachliteratur:

Tscheuschner, M., Wagner, H. TMS Der Weg zum Hochleistungsteam, GABAL Offenbach 2008

Stahl, Eberhard: Dynamik in Gruppen: Handbuch der Gruppenleitung, BelzPVU, Weinheim (2. Aufl.) 2007

Edding, C., Schattenhofer, K.: Handbuch, Alles über Gruppen. Beltz, Weinheim 2009

Birker, K.: Betriebliche Kommunikation. Cornelsen, Berlin (3. Aufl.) 2004

Pawlowski, K., Riebensahm, H.: Konstruktiv Gespräche führen. Reinhardt, M. (4. Aufl.) 2005

Pümpin, Cuno, Prange, Jürgen: Management der Unternehmensentwicklung. Phasengerechte Führung und Umgang mit Krisen. Campus, Frankfurt 1991

König, E. (Hrsg.) Volmer, G.: Handbuch Systemische Organisationsberatung, Weinheim 2008

Redlich, A., Elling, J. Potential > Konflikte, Ein Seminarkonzept zur Konfliktmoderation und Meditation, Band 7, Hamburg 2000

Schulz, von Thun: Band 3. Das innere Team, situationsgerechte Kommunikation, 8. Auflage, Hamburg Reinbek 2001

Watzlawick, P.: Menschliche Kommunikation. Huber, Bern (11. Aufl.) 2007

Mayershofer, D. Prozesskompetenz in Projekten: ein Handbuch für Projektleiter und Prozessbegleiter, Hamburg 2001

„Zu welcher Frage suchen Sie eine Antwort?"

Ihre Notizen auf der Übungsseite

„Welche Ergebnisse wollen Sie sich in Ihrem Aktivitätenspeicher notieren?"

Nr.	Thema / Titel (Was möchten Sie konkret tun?)	Wer, mit wem	Bis wann	Wie beschreibe Sie das Ergebnis?	Erfüllung in %
1.					
2.					
3.					
4.					

3.5.0 Fünftes Thema: Informationsfluss und Kommunikation / Besprechungsmanagement

Situationsbeschreibung / Hintergrundinformationen

Bisherige Besprechungen fanden in unregelmäßigen zeitlichen Abläufen statt. Die Besprechung wurde von einem Mitglied der Geschäftsführung geleitet. Die Geschäftsführung bemühte sich um die Vermittlung von wichtigen Unternehmenskennziffern. Priorität hatte die Steuerung der Umsätze im Vertrieb. Die Vertriebsmitarbeiter verhielten sich passiv.

Die Mitarbeiter erhoffen sich von mir als Vertriebsleiter eine nachvollziehbare Struktur und einen regelmäßigen Erfahrungsaustausch. Alle Mitarbeiter im Vertrieb sind zur Optimierung bereit und wünschen eine effektivere Besprechungskultur.

3.5.1 Entwicklungsfragen

1. Wie erhalte ich Klarheit über den Grad der Zufriedenheit beim Thema „Besprechung"?
2. Wie kann ich die Bedeutung von regelmäßigem Erfahrungsaustausch in unserem Vertriebsteam erkennen?
3. Mit welchen Methoden und Mittel können wir gemeinsam den Informationsfluss und die wertsteigernde Kommunikation im Vertriebsteam entwickeln?
4. Wie lange wird die Probephase der optimierten Besprechung dauern?

3.5.2 Beratung 5. am 18.02.

Struktur des fünften Tages:

1. Rückschau auf die Umsetzungsphase (als Basis dient der Aktivitätenspeicher vom 18.12.)
2. Bestandsaufnahme zum Thema Information und Kommunikation im Vertriebsteam
3. Themenbewertung (Prioritäten setzen)
4. Ergebnisse im Aktivitätenspeicher (AS) fixieren
5. Den Lern- und Praxistransfer sichern
6. Tagesauswertung, siehe Beispiel unter 3.1.3 Punkt 7

1. Rückschau auf die Umsetzungsphase (Präsentation der Ergebnisse, Reflexion, Bewertung, Konsequenzen) – Fragenfolge:

a) Wie zufrieden bin ich mit der Umsetzungsphase, was ist mir gelungen/misslungen?
b) Welche Gründe führe ich hierzu an, welche Konsequenzen könnten daraus entstehen?
c) Wie kann ich die Erfahrungen für zukünftige Aktivitäten nutzen?

2: Bestandsaufnahme zum Informationsfluss im Vertriebsteam:

„Welche Ideen zur Verbesserung von Information und Kommunikation im Vertriebsteam haben wir?"
„Welches Thema hat für uns die höchste Bedeutung (Priorisierung)?"

"Welche Ideen zur verbesserung von Information und Kommunikation im Vertriebsteam haben wie"?

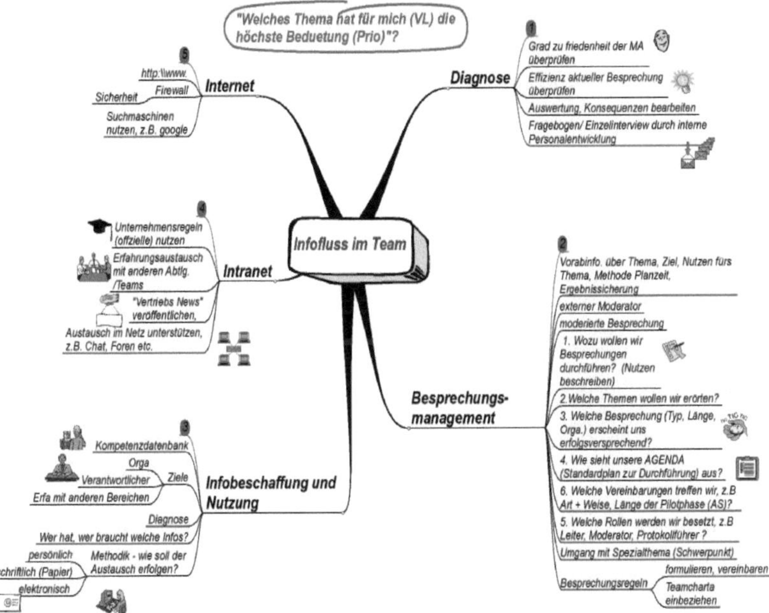

3. Vertiefende Informationen zum Besprechungsmanagement Gliederung:

A) Information und wertsteigernde Kommunikation

B) Interne Kundenzufriedenheit

C) Besprechungen effektiv planen und durchführen / Checkliste zur Moderation vorab

D) Besprechungsstruktur / AGENDA für eine Teambesprechung

E) Brainstorming – Phase der moderierte Besprechung Seite

Zu 4. Ergebnisse im Aktivitätenspeicher fixieren Ort: Essen, den 18.02 Person: Felix K.

Nr.	**Thema / Titel (Was möchte ich unternehmen)**	**Wer, mit wem**	**Bis wann**	**Wie beschreibe ich das Ergebnis?**	**Erfüll-ung%**
1.	Diagnose des Besprechungsmanagements - Fragebogen, Einzelinterview, Auswertung, Präsentation der Ergebnisse, Konsequenzen ableiten.	Felix K. + Frau Solm / PE	04.03.	Methode ist mit Frau Solm / PE vereinbart, Diagnose ist erfolgt, Ergebnisse liegen vor und sind bewertet	
2.	Besprechungsmanagement optimieren, moderierte Besprechungen mit allen Vertriebsmitarbeitern testen und einführen, Ergebnisse im Aktivitätenspeicher (AS) notieren (Planzeit < 120 Min.)	Felix K. + Herrn Geist / PE	15.04.	Besprechungen sind transparent, Ergebnisse zeigen positive Wirkung, Verbindlichkeit im Team steigt.	
3.	Informationsbeschaffung und Nutzung mit folgender Diagnose: a) Wer hat und wer braucht Informationen? b) Merkmale einer effektiven Kompetenzdatenbank beschreiben und präsentieren.	Sigi H.+ Rita P.	12.04. 15.06.	Ergebnisse sind allen MA klar. Ideenentwurf liegt vor, Präsentation ist bei der Teambesprechung erfolgt.	
4.	Ideensammlung zur Nutzung und Optimierung der Intranet- und Internetkommunikation	Hugo+ MA im Vertr.	12.04.	Ergebnisse sind gesichtet und im Team besprochen worden.	

Zum fünften Thema das Wichtigste auf einen Blick:

- Überprüfen Sie Ihr Informations- und Kommunikationssystem.
- Diagnostizieren Sie mit Hilfe eines Fragebogens, bzw. mit Leitfrageninterviews die Qualität, Effizienz der Systeme und den Grad der Zufriedenheit Ihrer Mitarbeiter sowie die Resonanz benachbarter Bereiche.
- Präsentieren Sie die Ergebnisse im Rahmen einer Teambesprechung.
- Sammeln Sie Ideen zur Optimierung und vereinbaren Sie mit Ihren Mitarbeitern Wege zur
  Verbesserung des Informationsmanagements.
- Verpflichten Sie einen externen Moderator für die Durchführung einer Besprechung.
- Notieren Sie Ergebnisse im Aktivitätenspeicher. Optimieren Sie Ihren Informationsfluss.
- Nutzen Sie eine Informationsmatrix mit a) wer hat welche Informationen? b) wer braucht diese?
- Überprüfen und optimieren Sie Ihre IT – Systeme, z.B. Internet, Intranet, Datenbank, Outlook oder Lotus Notes.
- Schaffen Sie ein Bewusstsein im Team zur kontinuierlichen Verbesserung der Prozesse und Methoden (KVP).

Anregung zur Weiterarbeit / Fachliteratur:
Seifert, J.: Visualisieren – Präsentieren – Moderieren, 20. Auflage, GABL Offenbach 2003
Kehr, Hugo, M.: Authentisches Selbstmanagement. Beltz, Weinheim und Basel 2009
Walther, G.: Sag, was du meinst, und du bekommst, was du willst; Mit Power Talking zum Erfolg, 7. Auflage ECON Verlag Düsseldorf 1994

„Zu welcher Frage suchen Sie eine Antwort?"

Ihre Notizen auf der Übungsseite

„Welche Ergebnisse wollen Sie sich in Ihrem Aktivitätenspeicher notieren?"

Nr.	Thema / Titel (Was möchten Sie konkret tun?)	Wer, mit wem	Bis wann	Wie beschreibe Sie das Ergebnis?	Erfüllung in %
1.					
2.					
3.					
4.					

3.6.0 Sechstes Thema: Bereichsübergreifende Zusammenarbeit festigen

Situationsbeschreibung / Hintergrundinformationen
Die vergangen Jahre waren von Turbulenzen gekennzeichnet, Marktverschiebungen und Personalfluktuation waren üblich. Absprachen wurden nicht eingehalten. Besprechungen wurden oft verschoben, die Zusammenarbeit mit Kollegen wurde als unbefriedigend erlebt. Die Geschäftsführung strebt an, dass der Marketing- und Vertriebsbereich zu allen Unternehmensbereichen intensive Kontakte herstellt.

Mit einer effektiveren Kooperation möchte ich auch meine eigenen Ziele verwirklichen und für eine Klimaverbesserung bei meinen Kollegen werben.

3.6.1 Entwicklungsfragen

1. Wie kann ich mit anderen Bereichsleitern (BL) einen kollegialen Austausch herstellen?
2. Wie können wir im Vertrieb die Zusammenarbeit mit anderen Bereichen effektiv gestalten?
3. Wie können wir Bereichsleiter und Mitglieder der Geschäftsführung (GF) zur aktiven Zusammenarbeit bewegen und als Promotoren gewinnen?

3.6.2 Beratung 6. am 16.04.

Struktur des sechsten Tages:

1. Rückschau auf die Umsetzungsphase (als Basis dient der AS vom 18.02.)
2. Bestandsaufnahme zum Thema Zusammenarbeit mit anderen Bereichen (Folgeseite)
3. Ergebnisse im Aktivitätenspeicher (AS) fixieren (siehe Folgeseite)
4. Den Lern- und Praxistransfer sichern
5. Tagesauswertung, siehe Beispiel unter 3.1.3 Punkt 7

1. Rückschau auf die Umsetzungsphase (Präsentation der Ergebnisse, Reflexion, Bewertung, Konsequenzen) – Fragenfolge:

a) Wie zufrieden bin ich mit der Umsetzungsphase, was ist mir gelungen/misslungen?
b) Welche Gründe führe ich hierzu an, welche Konsequenzen könnten daraus entstehen?
c) Wie kann ich die Erfahrungen für zukünftige Aktivitäten nutzen?

2: Bestandsaufnahme zur Optimierung der Zusammenarbeit mit anderen Bereichen:

„Wie können wir die Zusammenarbeit mit anderen Bereichen effektiv gestalten?"

"Wie können wir die Zusammenarbeit mit anderen Bereichen effektiv gestalten"?

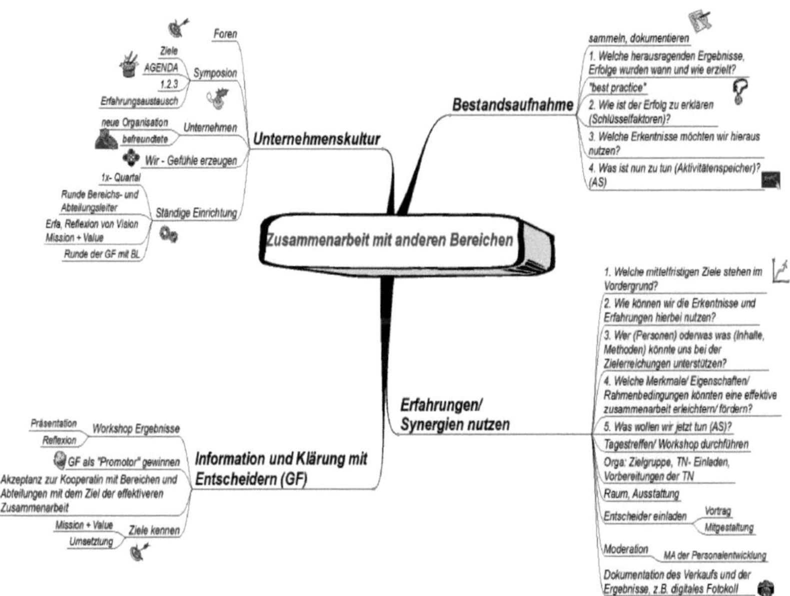

3. Ergebnisse im Aktivitätenspeicher fixieren Ort: Essen, den 16.04. Person: Felix K.

Nr.	**Thema / Titel (Was möchte ich unternehmen)**	**Wer, mit wem**	**Bis wann**	**Wie beschreibe ich das Ergebnis?**	**Erfüll-ung%**
1.	Vorbereitung eines Workshops zum Thema: Interne Zusammenarbeit mit anderen Bereichen, Abteilungen und der Geschäftsführung, Synergien kennen und zukünftig nutzen.	Felix K. + Eber-hard mit GF	12.05	Ideen sind gesammelt, Fahrplan ist klar, abge-stimmt mit GF. Einladung an die Zielgruppe ist erfolgt.	
2.	Bilanz ziehen, Ergebnisse sichten, bewerten, Bestandsaufnahme der Entwicklung, Erfahrungen austauschen und dokumentieren.	Eberh. + Team-mitglied.	30.05	Interne Workshopplanung ist abgeschlossen, Infos zur Präsentation liegen vor.	

Zum sechsten Thema das Wichtigste auf einen Blick:

- Überprüfen Sie die bereichsübergreifende Zusammenarbeit.

- Informieren Sie angrenzende Bereiche über die Art und Weise der Zusammenarbeit.
- Werten Sie die Ergebnisse mit erfahrenen Mitarbeitern aus und planen Schritte zur Optimierung.
- Präsentieren Sie allen Teammitgliedern die Ergebnisse, beziehen Sie Kommentare und Ideen
- der Mitarbeiter ein.
- Bilanzieren Sie nach einem halben Jahr den Grad der Zufriedenheit.
- Werben Sie für eine Unternehmenskultur von Klarheit, Vertrauen und Wertschätzung.

Anregung zur Weiterarbeit / Fachliteratur:

Enkelmann, N., Rückerl, T.: Die Macht des Vertrauens, Erfolg durch positive Gesprächsführung, PB 2004

Tietze, Kim, O.: Kollegiale Beratung: Problemlösungen gemeinsam entwickeln. Rowohlt, Reinbeck (3. Aufl.) 2008

Schlee, J.: Kollegiale Beratung und Supervision für pädagogische Berufe, Kohlhammer, Stuttgart (2. Aufl.) 2008

„Zu welcher Frage oder Herausforderung suchen Sie eine Antwort?"

Ihre Notizen auf der Übungsseite

„Welche Ergebnisse wollen Sie sich in Ihrem Aktivitätenspeicher notieren?"

Nr.	Thema / Titel (Was möchten Sie konkret tun?)	Wer, mit wem	Bis wann	Wie beschreibe Sie das Ergebnis?	Erfüllung in %
1.					
2.					
3.					
4.					

3.7.0 Siebtes Thema: Personalmarketing mit Nachfolgeplanung. Auswahl und Einstellung eines Regionalvertriebsleiters

Situationsbeschreibung / Hintergrundinformationen

Schwerpunkt der Personalarbeit war in der Vergangenheit die Personalverwaltung. Zwei neue Mitarbeiter sind seit einem Jahr in der Personalentwicklung tätig. Ergänzend zur klassischen Personalarbeit werden dort neue Konzepte zur Wertschöpfung getestet. Alle Bereiche und Fachabteilungen können individuelle Beratung und Trainings über die PE anfordern.

Im Vertrieb sind zukünftig zwei Stellen (RVL) in Schlüsselregionen zu besetzen. In der Region Nordrhein Westfalen ist eine Nachfolgeregelung ab Januar des kommenden Jahres zu realisieren. Mit Unterstützung der Personalentwicklung soll die Methodik der Nachfolgeplanung zur Personalauswahl und Einstellung auch für diese Stellenbesetzung (RVL) genutzt werden.

3.7.1 Entwicklungsfragen

1. Wie können wir im Vertrieb, in Absprache mit der Personalabteilung, eine Stellenausschreibung formulieren und einen geeigneten Bewerber auswählen?
2. Wie können wir einen zielgerichteten Einarbeitungsplan entwickeln und umsetzen?
3. Wie kann ich eine für eine erfolgreiche Dauerbeziehung sorgen?

3.7.2 Beratung 7. am 16.06.

Struktur des siebten Tages:

1. Rückschau auf die Umsetzungsphase (als Basis dient der Aktivitätenspeicher vom 18.02.)
2. Ideensammlung zum Vorgehen in der Nachfolgeplanung = siehe Folgeseite
3. Struktur / Konzeption in der Nachfolgeplanung (PE – Konzept)
4. Ergebnisse im Aktivitätenspeicher (AS) fixieren (siehe Folgeseite)
5. Den Lern- und Praxistransfer sichern
6. Tagesauswertung, siehe Beispiel unter 3.1.3 Punkt 7

1. Rückschau auf die Umsetzungsphase (Präsentation der Ergebnisse, Reflexion, Bewertung, Konsequenzen) – Fragenfolge:

a) Wie zufrieden bin ich mit der Umsetzungsphase, was ist mir gelungen/misslungen?
b) Welche Gründe führe ich hierzu an, welche Konsequenzen könnten daraus entstehen?
c) Wie kann ich die Erfahrungen für zukünftige Aktivitäten nutzen?

2: Ideenentwurf zur Nachfolgeplanung Regional Verkaufsleiter (RVL)

„Zur Nachfolgeplanung des RVL in der Region NRW sind welche Aktivitäten zu beachten?

"Welche Aspekte und Schritte zur Nachfolgeplanung (RVL) in der Region NRW sind zu beachten"?

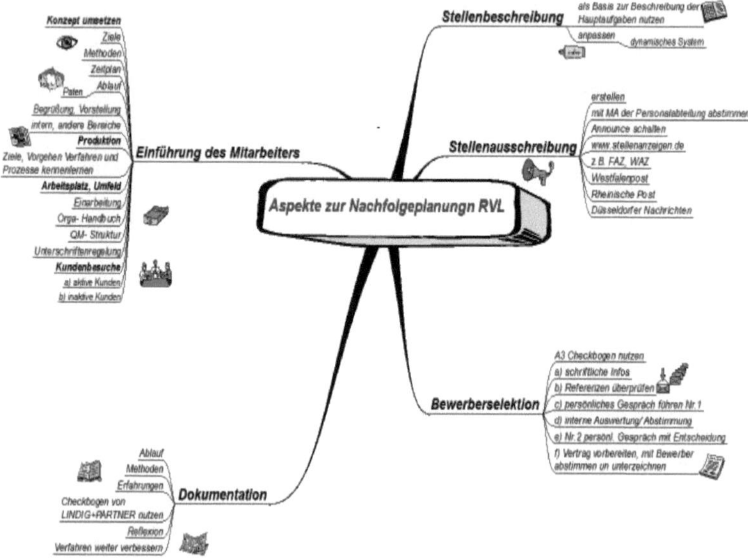

3. Vertiefenden Informationen (siehe Anhang) **Struktur und Konzeption für die Nachfolgeplanung (PE – Konzept „Personalmarketing")**

A) Struktur / Konzeption für die Nachfolgeplanung Personalmanagement im Kontext der Unternehmensentwicklung

B) Definition einer Stellenbeschreibung mit Hauptaufgaben

C) Stellenausschreibung (Annonce für einen Regional – Verkaufs – Leiter in NRW)

D) Checkbogen für die Bewerberauswahl

Zu 4. Ergebnisse im Aktivitätenspeicher fixieren Ort: Essen, den 16.06. Person: Felix K.

Nr.	**Thema / Titel (Was möchte ich unternehmen)**	**Wer, mit wem**	**Bis wann**	**Wie beschreibe ich das Ergebnis?**	Erfüll-ung%
1.	Stellenbeschreibung für die Rolle des Regional Vertriebsleiter (RVL) definieren und in NRW zu einem wirksamen System verbinden.	Felix K. + MA der PE	25.06.	Aktuelle Stellenbeschreibung (SB) mit Hauptaufgaben (Prozentanteile) liegt vor, ist mit GF abgestimmt	
2.	Stellenausschreibung (Corporate Identity – Kriterien beachten) erstellen und mit Kollegen abstimmen	Felix K. + Frau C.D.	30.06.	SB ist von GF akzeptiert, wird in der Folgewoche in der WAZ und im Internet geschaltet	
3.0 3.1 3.2	Bewerberselektion durchführen Vertragsunterzeichnung mit Herrn Walter Z. Ergebnisse dokumentieren, dient zu Verbesserung des Auswahlprozesses in der Personalabteilg.	Felix K. + Herr Steuer Felix K. + Bewerber MA der PE + Hr. Steuer	15.08. 30.08. 15.09.	Bewerber ist ausgewählt, Vertrag zur Unterzeichnung vorbereitet. Vertrag ist unterschrieben Methoden, Verfahren im Auswahlprozess sind optimiert	
4.	Einführung des neuen RVLs anhand des Einarbeitungskonzeptes, Umsetzung schrittweise, Ergebnisse dokumentieren. Paten für RVL auswählen und einweisen	Felix K. + neuer MA Felix K. + Paten	30.06. des Folgejahres 15.12.	Einarbeitungskonzept wird erfolgreich angewandt Pate kennt Ziele, Aufgaben und Zeitplan im Prozess	

Zum siebten Thema das Wichtigste auf einen Blick:

- Planen Sie den Personalbedarf und stimmen diesen mit Ihrer Führungskraft ab.
- Entwerfen Sie eine Stellenausschreibung. Kooperieren Sie hierbei mit der Personalabteilung.
- Planen Sie die Personalsuche, nutzen Sie passende Methoden wie Ausschreibung in Fachzeitungen, überregionalen Zeitungen, Mitarbeiterwerbung, IT – Tools.
- Beschreiben Sie die Rollen im Auswahlprozess, z.B. der Personalabteilung, Ihre eigene Rolle,
- die der anderen Führungskräfte, der externen Berater etc..
- Nutzen Sie Erkenntnisse des Team Management System (TMS), beziehen Sie die Präferenzen der Bewerber mit ein.
- Informieren Sie nach der Personalauswahl Ihre Mitarbeiter.
- Planen Sie den fachlichen und menschlichen Integrationsprozess in Ihrem Team.

Anregung zur Weiterarbeit / Fachliteratur:

Drescher, Anne (Hrsg.): Die professionelle Personalauswahl in der öffentlichen Verwaltung, Boorberg Verlag, Stuttgart 2010, 1. Auflage,

Lucas, M. Hören - Hinhören - Zuhören, Die bessere Hälfte der Kommunikation, GABAL Offenbach 1995
Zaiss, C., Gordon, T.: Das Verkäuferseminar – Psychologie des Verkaufens, Frankfurt 1995
Schott, B.: Lust statt Frust, der Erfolg kommt, wenn die Perspektive stimmt, Jungferman Paderborn 1992
Lindig, J.: Erfolgreich verhandeln und verkaufen, CD 70 Min. Hörbuch Overath 2010 www.lindigpartner.de

„Zu welcher Frage suchen Sie eine Antwort?"

Ihre Notizen auf der Übungsseite
„Welche Ergebnisse wollen Sie sich in Ihrem Aktivitätenspeicher notieren?"

Nr.	Thema / Titel (Was möchten Sie konkret tun?)	Wer, mit wem	Bis wann	Wie beschreibe Sie das Ergebnis?	Erfüllung in %
1.					
2.					
3.					
4.					

3.8.0 Achtes Thema: Entwicklung der Unternehmenskultur im Vertrieb

Situationsbeschreibung / Hintergrundinformationen

Als Vertriebsleiter nehme ich unterschiedliche Einstellungen, Werte und Verhaltensweisen der Mitarbeiter im Unternehmen wahr. Es besteht eine Diskrepanz zwischen von Aussagen des Managements zur Vision, Mission, den strategischen Zielen und der erlebten Unternehmenskultur.
In verschiedenen Vertriebsregionen verhalten sich Mitarbeiter so wie es der „Dienst nach Vorschrift" verlangt. Zukunftsangst ist vielfach spürbar. In der Vergangenheit legte das Management Wert auf Sachthemen, Zahlen, Daten und Fakten.
Die konstruktive Unternehmenskultur wurde vernachlässigt. Das nehme ich zum Thema und gebe den Impuls zur Entwicklung.

3.8.1 Entwicklungsfragen

1. Wie kann ich förderliche und hinderliche Ereignisse präsentieren und damit mehr Transparenz auf dem Weg zu einer besseren Unternehmenskultur erhalten?
2. Wie kann ich über die Auswirkungen einer schwachen Unternehmenskultur reflektieren und Ideen zur Verbesserung entwickeln?
3. Wie kann ich gemeinsam mit der Geschäftsführung schrittweise an der Optimierung der Unternehmenskultur mitwirken?

3.8.2 Beratung 8. am 16.08. Struktur des achten Tages:

1. Rückschau auf die Umsetzungsphase (als Basis dient der As vom 16.06.)
2. Erlebte Einstellungen und Verhaltensweisen der Mitarbeiter ausdrücken und auf Klebeetiketten (Postit) fixieren
3. Erfahrungen anderer Unternehmen kennen lernen und wichtige Erkenntnisse für den eigenen Optimierungsprozess nutzen
4. Ergebnisse im Aktivitätenspeicher (AS) fixieren (siehe Folgeseite)
5. Den Lern- und Praxistransfer sichern
6. Tagesauswertung, siehe Beispiel unter 3.1.3 Punkt 7

Zu 1. Rückschau auf die Umsetzungsphase (Präsentation der Ergebnisse, Reflexion, Bewertung, Konsequenzen) – Fragenfolge:

a) Wie zufrieden bin ich mit der Umsetzungsphase, was ist mir gelungen/misslungen?
b) Welche Gründe führe ich hierzu an, welche Konsequenzen könnten daraus entstehen?
c) Wie kann ich die Erfahrungen für zukünftige Aktivitäten nutzen?

Zu 2. Erlebte Einstellungen und Verhaltensweisen der Mitarbeiter im Unternehmen notieren „Welche Erkenntnisse haben Sie gewonnen, welche Aussagen der Mitarbeiter kennen Sie?"

Unternehmens-ausrichtung	**Vorbildrolle der GF, Führung, Struktur + Kommunikation**	**Informationsfluss**	**Qualitätssysteme (QM)**
Wieder zu einer „Unternehmensfamilie" zusammenwachsen	anstatt selbst zu tun, besser an MA delegieren und Verantwortung übertragen	organisierte, abteilungsübergreifende Kommunikation, besserer Austausch untereinander	Das QM System entspricht nicht den gelebten Prozessen
Wie sieht die zu Zukunft aus, wann erhalten wir Infos zur Vertriebsausrichtung?	Führung braucht Struktur, Aufbauorga-nisation leben mit transparente Strukturen	Fachgruppen, Projekt-leiter müssten mit den Vertriebsbeauftragten zusammenwirken	klare Vorgaben zum Umgang mit dem Thema Qualität
Wie binden wir gute und motivierte Mitarbeiter an das Unternehmen?	Beteiligung aller FK an Aus- und Fortbildungs-maßnahmen	Infos austauschen, Email Verkehr erfordert zu viel Zeit und ist zu optimieren.	Pünktlichkeit bei Besprechungen und Verhandlungen
Ich bin unsicher ob sich mein Engagement lohnt, vielleicht wird unser Unter-nehmen übernommen?	Wertschätzung gehört zur Aufgabe einer Führungskraft	Der Austausch zwischen Niederlassungen und Geschäftsstellen ist zu verbessern	Fachgruppen und Projektleiter sollen öfter und intensiver miteinander reden!
Transparente Personalbedarfsplanung, Systematische Wege zur Personalbeschaffung	Verantwortlichkeiten klar benennen, d.h. disziplinarische und fachliche Führung	Einführung einer internen Firmenzeitung, attraktive Gestaltung	

3.8.3 zu 3: Ideensammlung zum Projekt „MIT SCHWUNG NACH VORNE“:

„Welche Ideen zum Organisationsprojekt für einem Zeitraum von 3 -5 Jahren haben wir?“

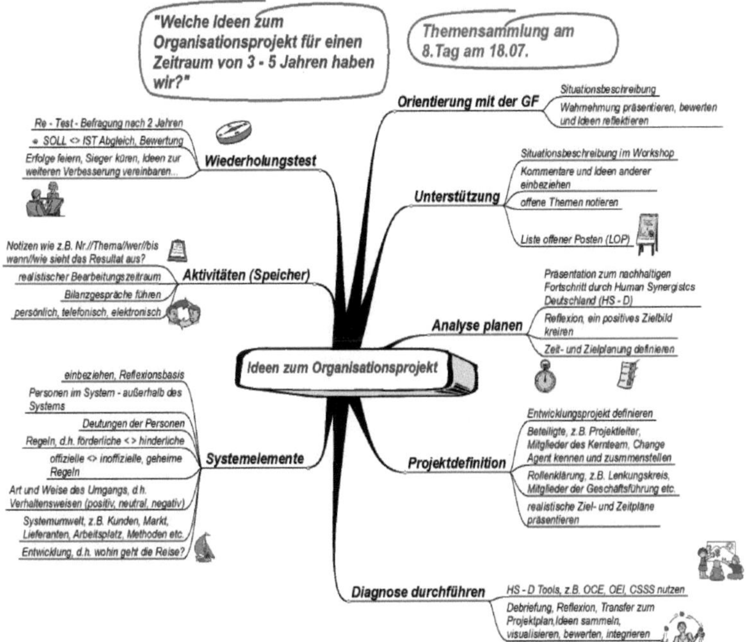

Zu 4. Ergebnisse im Aktivitätenspeicher fixieren Ort: Essen, den 16.08. Person: Felix K.

Nr.	**Thema / Titel (Was möchte ich unternehmen)**	**Wer, mit wem**	**Bis wann**	**Wie beschreibe ich das Ergebnis?**	Erfüll-ung%
1.	Ergebnisse des Coachingtages mit Mitgliedern der Geschäftsführung erörtern, reflektieren und weitere Führungskräfte einbeziehen	Felix + MGer der GF	25.09	Termin ist abgestimmt, MG der GF sind informiert, weitere FK sind über Schritte zur Herstell-ung einer konstruktiven Unternehmenskultur informiert	
2.	Terminabsprache zur Unternehmens- und Dienstleistungspräsentation von Human Synergistics Deutschland	Felix K. + HS D M	14.09	Termin ist fixiert, Konzept zum Sondierungsgespräch liegt vor	
3.	Führungskräfte und visionäre Mitarbeiter „Change Agent“ ansprechen, Ideen präsentieren, Kommentare sammeln	Felix K. + MA der PE	20.10	Interessierte Mitarbeiter sind über das Organisations-konzept informiert und sind bereit hierbei mitzuwirken	
4.	Gesprächspartner ansprechen die eine Diagnose und ein erfolgreiches Projekt mit Tools von Human Synergistics durchgeführt haben	Felix K. + HS D MA	20.09	Erfolgsgeschichten anderer Unternehmen liegen vor und können unternehmensintern präsentiert werden	

Zum achten Thema das Wichtigste auf einen Blick:

- Nehmen Sie Ihre interne Unternehmenskultur mit allen Sinnesorganen wahr und dokumentieren die Ergebnisse.
- Präsentieren Sie Ihre Wahrnehmung der Geschäftsführung, werben Sie für eine Optimierung.
- Sprechen Sie Visionäre und Menschen mit Dynamik und Veränderungsbereitschaft an, sammeln Sie Ideen und erstellen Sie ein Konzept.
- Stellen Sie in moderierten Veranstaltungen Fragen, z.B. „Welcher Nutzen könnte mit einer konstruktiven Unternehmenskultur entstehen für: Ihr Unternehmen, Ihre Führungskräfte, Ihre Mitarbeiter und die Kunden Ihres Unternehmens.
- Recherchieren Sie externe Partner, die Sie bei der Diagnose unterstützen und bei der Implemtierung begleiten können.
- Steuern Sie das Organisationsprojekt mit Methoden des Projektmanagements, stellen Sie ein dynamisches Projektteam zusammen.
- Werben Sie unternehmensweit für den Optimierungsprozess und laden Sie „Change Agents" zu Umsetzung ein.
- Führen Sie, auf Basis eines wissenschaftlichen Diagnosesystems (z.B. mit Human Synergistics) eine präzise Untersuchung, d.h. Mitarbeiterbefragung durch, werten Sie die Ergebnisse im Projektteam aus und planen Sie Schritte zur Verbesserung.
- Werben Sie für einen nachhaltigen Optmierungsprozess, lassen Sie eine Wiederholungs-untersuchung durchführen und bilanzieren Sie die Ergebnisse.
- Feiern Sie Erfolge, Meilensteine, tragen Sie Sicherung und zum Ausbau einer exzellenten Unternehmenskultur bei.

Anregung zur Weiterarbeit / Fachliteratur:

Jones Q., Dunphy D., Fishman R., Larne M. and Canter C.: IN GREAT COMPANY Unlocking the Secrets of Cultural Transformation, A Human Synergistics Publication Australia Pty 2006

König, E., Volmer, G.: Handbuch Systemische Organisationsberatung. Beltz Weinheim und Basel 2008

Hinterhuber, Hans, H.: Strategische Unternehmensführung. de Gruyter, Berlin / New York (7. Aufl.) 2004

Kohlöffer, Klaus, M.: Strategisches Management. Hanser, München / Wien 2000

Lamnek, Siegfried: Qualitative Sozialforschung. Beltz Weinheim und Basel (4. Aufl.) 2005

Schöpfner, Anne K.: Frühwarnsysteme im strategischen Management, VDM, SB 2006

Wehr, Marco: Der Schmetterlingsdefekt. Klett-Cotta, Stuttgart 2002

Gausenmeier, J., Fink, A.: Führung im Wandel. Hanser, München / Wien 1999

Schlieper-Damrich, R.: Wertecoaching. ManagerSeminare, Bonn 2008

Friedrich, K. und Seiwert, L. und Geffroy, K.: Das neue 1 x 1 der Erfolgsstrategie EKS – Erfolg durch Spezialisierung, *GABAL* Offenbach 2003

„Zu welcher Frage suchen Sie eine Antwort?“

Ihre Notizen auf der Übungsseite

„Welche Ergebnisse wollen Sie sich in Ihrem Aktivitätenspeicher notieren?“

Nr.	Thema / Titel (Was möchten Sie konkret tun?)	Wer, mit wem	Bis wann	Wie beschreibe Sie das Ergebnis?	Erfüllung in %
1.					
2.					
3.					
4.					

3.9.0 Balance erzielen: Körperlicher und geistiger Ausgleich zur Berufstätigkeit

Situationsbeschreibung / Hintergrundinformationen

In der Vergangenheit standen meine beruflichen Herausforderungen im Vordergrund. Die Balance zwischen Gesundheit und körperlicher Bewegung war gestört. Mit Übernahme der neuen Rolle als Vertriebsleiter nehme ich mir vor, mehr Zeit aufzubringen für den körperlichen und geistigen Ausgleich. Ich favorisiere Natursportarten und möchte mein Körpergewicht reduzieren. Im Beratungsprozess möchte ich Ideen zur Verbesserung meiner Leistungsfähigkeit reflektieren und einen persönliche Jahresplanung formulieren. Darüber hinaus sind mir Entspannungsmethoden wichtig.

3.9.1 Entwicklungsfragen:

1. Wie kann ich zukünftig meine körperliche Leistungsfähigkeit stärken?
2. Wie kann ich mein Gewicht von 95 kg innerhalb eines Jahr auf 80 kg reduzieren?
3. Wie kann ich mit Natursportarten, z.B. Nordic Walking und Skilanglauf, meinen Bewegungswunsch nachkommen und mein Lebensgefühl verbessern?
4. Wie kann ich mit einer Tiefenentspannung ins Gleichgewicht kommen?

Ein Fantasiereise zur Schöpfung von Energie und neuer Frische ist dem Anhang zu entnehmen!

3.9.2 Persönliches 9. am 16.10. Struktur des neunten Tages:

1. Rückschau auf die Umsetzungsphase (als Basis dient der AS vom 16.08.)
2. Bestandsaufnahme zum Thema körperlicher Ausgleich zur Berufsrolle (Folgeseite)
3. Themenbewertung (Prioritäten setzen)
4. Ergebnisse im Aktivitätenspeicher (AS) fixieren (siehe Folgeseite)
5. Den Lern- und Praxistransfer sichern
6. Tagesauswertung, siehe Beispiel unter 3.1.3 Punkt 7

1. Rückschau auf die Umsetzungsphase (Präsentation der Ergebnisse, Reflexion, Bewertung, Konsequenzen) – Fragenfolge:

a) Wie zufrieden bin ich mit der Umsetzungsphase, was ist mir gelungen/misslungen?
b) Welche Gründe führe ich hierzu an mit welchen möglichen Konsequenzen?
c) Wie kann ich die Erfahrungen für zukünftige Aktivitäten nutzen?

2: Bestandsaufnahme zum körperlichen Ausgleich zur Berufsrolle mit der Frage: „Welche Ideen zur Steigerung meiner körperlichen Leistungsfähigkeit habe ich?"

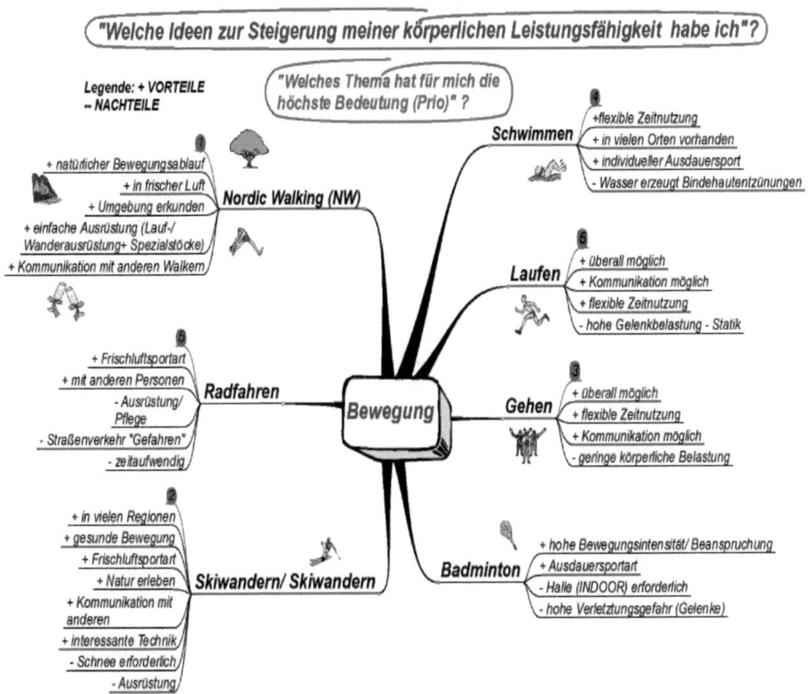

„Welches Thema hat für mich die höchste Bedeutung?

Informationen zu den Natursportarten Nordic Walking (NW) sowie zum Skiwandern und Skilanglauf finden Sie in der Fachliteratur des Deutschen Skiverbandes. In den Publikationen sind Infos zur Geschichte, Entwicklung, Ausrüstung, Motivation mit aktiver Teilnahme, zum Gesundheitsaspekt und zur Nordic Walking Technik ausgeführt.

3.9.3 Einleitung zu Themen des körperlichen Ausgleichs: Beide natürlichen Bewegungsarten ermöglichen einen idealen Ausgleich zur bewegungsarmen Berufsrolle. Ein wesentliches Ziel ist die Verbesserung der körperlichen Fitness mit einhergehendem psychischem Wohlbefinden, d.h. vom ungünstigen Dysstress zum positiven Eustress.

Ziel ist eine gesunde Balance zu erreichen zwischen der sitzenden Tätigkeit und der Gesundheit. Wertschöpfung im Unternehmen entsteht durch gesunde und leistungsstarke Mitarbeiter. Durch personalpolitische Ausrichtung und gezielte Förderung werden die Mitarbeiter effektiv weitergebildet.

Zu 4. Ergebnisse im Aktivitätenspeicher fixieren Ort: Overath, d. 16.10. Person: Felix K.

Nr	**Thema / Titel (Was möchte ich unternehmen)**	**Wer, mit wem**	**Bis wann**	**Wie beschreibe ich das Ergebnis?**	**Erfüll-ung%**
1.	Nordic Walking Gruppe finden Ausbildung absolvieren, Methoden und Fitnesstech-niken lernen, Ausrüstung beschaffen (Schuhe, Stöcke, Funktionsbekleidung) Gelände zum selbständigen Training finden	Felix K. + Trainer + Sport-geschäft + Trainer	30.10. 15.11. 30.11.	NW - Gruppe ist gefunden, Ausbildung ist erfolgreich absolviert, Ausrüstung ist komplett, Übungsgelände ist gefunden, Training gestartet	
2.	Skiwandern und Skilanglauf erlernen und vertiefen, d.h. a) Ausrüstung beschaffen b) Gelände erkunden c) Reise auswählen und buchen	Felix K. + Jupp (Trainer)	01.12. 15.01. 30.11.	Ausrüstung ist vor-handen, passendes Gelände ist auspro-biert, Skilanglaufreise ist gebucht.	
3.	Methoden zur Tiefenentspannung auspro-bieren und anwenden. Aus dem Audio – Angebot passende Entspannungs-methoden auswählen	Felix K. + Audio-CD	30.10.	Verschiedene Methoden zur Tiefenentspannung sind ausprobiert und werden genutzt	

Zum neunten Thema das Wichtigste auf einen Blick:

- Beschreiben Sie Ihre Wünsche und Ziele zu einem Gleichgewicht zwischen Ihrer
- beruflichen Situation und Ihrem körperlichen Befinden. Führen Sie Ihren Lieblingssport
- regelmäßig aus. Lassen Sie sich von Experten begleiten. Zur seelischen, geistigen
- Entspannung können Mentaltrainer unterstützen. Probieren Sie verschiedene Entspan-
- nungstechniken und wählen Sie die für Sie wirkungsvollste Entspannungsmethode aus.
- Sprechen Sie Ihren Text zur Tiefenentspannung auf einen Audioträger und nutzen
- Sie Ihre persönliche Entspannungsreise als Energiereserve.

Anregung zur Weiterarbeit / Fachliteratur:

Deutscher Skiverband (Hrsg.) Nordic Walking Spezial – kräftigen/dehnen, Planegg 2006
Deutscher Skiverband (Hrsg.) Nordic Skiing Lehrbuch, Planegg 2007
Polar Electro GmbH Deutschland (Hrsg.) Nordic Walking Trainingsfibel, 1. Auflage 2004
Geiger, L.: Gesundheitstraining: biologische und medizinische Zusammenhänge; gezielte Bewegungsprogramme zur Prävention, München 1999
Küstenmacher, W., Seiwert, Lothar, J. „simplify jour life" einfacher und glücklicher Leben. Campus 2005
Linneweh, K.: Stresskompetenz. Der erfolgreiche Umgang mit Belastungssituationen im Beruf und Alltag. Beltz, Weinheim und Basel 2002
Münchhausen, Marco von.: Wo die Seel auftankt. Campus, Frankfurt / New York 2004

„Zu welcher Frage oder Herausforderung suchen Sie eine Antwort?“

Ihre Notizen auf der Übungsseite

„Welche Ergebnisse wollen Sie sich in Ihrem Aktivitätenspeicher notieren?“

Nr.	Thema / Titel (Was möchten Sie konkret tun?)	Wer, mit wem	Bis wann	Wie beschreibe Sie das Ergebnis?	Erfüllung in %
1.					
2.					
3.					
4.					

4.0 Erkenntnisse aus dem Beratungs- und Coachingprozess in Ihre berufliche Praxis integrieren?

4.1 Ihr persönlicher Entwicklungsplan (PEP). Notieren Sie hier Ihre Ideen zum Lern- und Praxistransfer, viel Erfolg...

1. Was war in diesem Buch das Wichtigste für Sie?

2. Was hatte außerdem Bedeutung?

3. Was wollen Sie zukünftig nicht mehr machen?

4. Was wollen Sie stattdessen tun?

5. Welche Mittel und Methoden möchten Sie nutzen?

6. Wer oder was könnte Sie bei dieser Entwicklung begleiten?

7. Wie sieht das positive Resultat aus?

"Statt große Schritte zu planen ist es sinnvoller kleine, machbare Ziele mit Freude in die Praxis umzusetzen." Viel Erfolg Ihr Felix Klar

Informationen zum Beratungs- und Coachingprozess

1.0 System, systemische Führung - Einbezug der sechs Elemente sozialer Systeme

1.1 Begriffsklärung zur Führung. Führen heißt u.a.:

Die sozialen Prozesse eines Unternehmens so zu steuern, dass die Mitarbeiter ihre Arbeit als sinnvoll erleben und motiviert sind, sich für die Ziele des Unternehmens herauszufordern und zu engagieren".

Führen heißt vor allem zusammenführen, Energien bündeln, Orientierung geben, Zuversicht vermitteln, Begeisterung erzeugen, optimale Arbeitsbedingungen schaffen und ein positives Veränderungsklima schaffen.

Wie wird ein System beschrieben?

- Ein System ist ein in sich geschlossenes, geordnetes Ganzes. Ein System ist ein Wirkungsgefüge
- Dieses Gefüge greift ineinander, wirkt in Abhängigkeit zusammen.
- System ist zum einen Teil einer Strophe bildenden größeres Ganzen (Metrik) oder ein Fünfliniensystem in der Notenschrift.
- Ein System wird auch als Aufbau und Satzregel der in der Musik vorkommenden Töne und Tonverbindungen beschrieben.
- Einzelne Elemente stehen dabei miteinander in Wechselwirkung, sie bedingen einander.
- Das bedeutet, dass Zustands- oder Positionsveränderungen eines Elements unmittelbar die möglichen Zustände und Positionen der anderen Elemente verändern.
- Dem systemischen Denken liegt ein ganzheitliches Verständnis der Zusammenhänge zugrunde. Es gilt: Das Ganze ist mehr als die Summe seiner Elemente.
- Denn zu den Elementen kommen Verbindungen der Elemente miteinander.
- Über wechselseitig bedingte Verbundenheit bekommt das System eine eigene Qualität.
- Diese „höhere Qualität des Seins" bezeichnen wir als Emergenz.

Systembegriff: Systemische Führung ist, im Unterschied zu anderen System-Konzepten, der Systembegriff in der Tradition von BATESON, der soziale Systeme als Systeme handelnder Personen definiert. Auf der Basis dieses Ansatzes und im Rahmen von Forschungen der Universität Paderborn (Prof. E. König) im Bereich Führungstraining und Organisationsberatung wurden unterschiedlicher Verfahren entwickelt und in der Praxis erprobt und in der personalen Systemtheorie zusammengefasst.
Um komplexe Zusammenhänge und Abläufe zu steuern, wie sie Organisationen vorliegen, reicht ein monokausales Denken, das von einfacher Ursache - Wirkungs-zusammenhängen (Theorie des Maschinenmodells) ausgeht, nicht aus.
So sind isolierte Rückkehrgespräche nicht automatisch für einen Rückgang der Krankenquote verantwortlich. Das Management entwirft ein neues Organigramm, informiert die Mitarbeiter über die geplante Veränderung. Es wird erwartet, dass alle Mitarbeiter die Veränderung positiv aufnehmen und bereitwillig, konstruktiv in der neuen Struktur mitarbeiten. Soweit die Annahme, dass mit klugen betriebswirtschaftlichen Berechnungen eine Unternehmenskrise zu vermeiden sei.

Mitarbeiter erleben ständige Veränderung im Unternehmen, deuten diese Situation und werden folgende Fragen stellen:

- Wie sieht in der neuen Organisation meine Aufgabe, Rolle und Stellung aus?
- Welche bewährten Beziehungen bleiben bestehen, welche verändern sich?
- Wie könnte ich rechtzeitig, im Sinne meines eigenen Vorteiles Einfluss auf
- die angesprochenen Veränderungen nehmen?
- Welche Faktoren tragen zu meinem Engagement, welche zum Dienst nach Vorschrift bei?
- Welche Alternativen im Unternehmen (oder anderswo) gibt es für mich?
- Wie verhalte ich mich bei der nächsten Veränderung?

Hierbei wird deutlich, dass mehrere Systemelemente (Einzelheiten dazu später) betroffen sind. Mit zu bearbeiten sind die Einstellungen der Mitarbeiter zur Veränderungen (Struktur, Organisation, Aufgaben, Beziehungsnetzwerke etc.), Vernetzung mit anderen Systemen und die Einbindung in die Unternehmensphilosophie. Solche Aufgaben lassen sich dann effektiv und kreativ lösen, wenn einzelne Personen und ihre Verhaltensweisen nicht isoliert für sich, sondern als Teil eines größeren Systems betrachtet werden. Dabei sind soziale Systeme wie Teams, Abteilungen, Unternehmen usw. mehr als die Summe der einzelnen Teile und auch mehr als technische Systeme.

1.2 Soziale Systeme im Unternehmen sind bestimmt:

- von den in diesem System handelnden Personen (z. B. den Mitarbeitern, den Vorgesetzten) und ihren Verhaltensweisen
- von den individuellen und gemeinsamen Deutungsmustern auf deren Basis die handelnden Personen ihr eigenes Verhalten und das Verhalten der anderen im System erklären
- von den in diesem System geltenden sozialen Regeln
- von den Interaktionsstrukturen innerhalb des sozialen Systems, d.h. den immer wiederkehrenden Verhaltensstrukturen auch als Regelkreise beschrieben
- von der Systemumwelt, d.h. den Personen außerhalb des Systems und auch der materiellen Umwelt (Gebäude, technische Geräte usw.).
- von den Prozessen und Entwicklungen des Systems

Damit kommen z.B. bei der Veränderung im Unternehmen, mit der Auswirkung auf Struktur, Organisation, Aufgabe, Rolle, Kompetenz ganz neue Aspekt in den Blick.
(vgl. König/Volmer „Handbuch der Systemischen Organisationsberatung" Belz Verlag 2008)

Diese Betrachtung hat auch Einfluss auf, z.B. die Planung, Durchführung und Auswertung von Rückkehrgesprächen mit Mitarbeitern.

1.3 Die sechs Elemente sozialer Systeme im Überblick

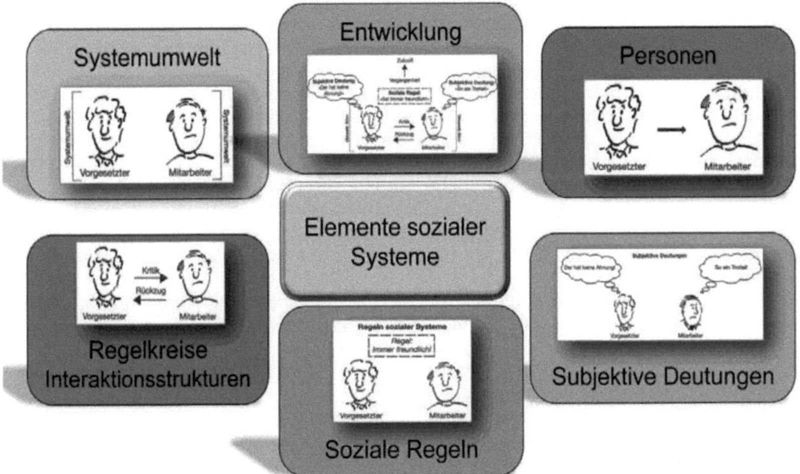

Personen (1)
Führung bezieht stets die handelnden Personen (1) mit ein. Dies können Vorgesetzte, Manager, Kollegen oder Mitarbeiter sein, die Mitglieder eines Unternehmens, Bereiches, Teams, eines Projekts, einer Arbeitsgruppe sind. Es können auch Angehörige einer Familie, Vater, Mutter, Geschwister, Verwandte als Elemente sozialer Systeme Einfluss nehmen. Soziale Systeme bestehen nicht „an sich". Die Definition des Systems ergibt sich aus der Perspektive des Beobachters. Die Bedeutung ist abhängig von der Fragestellung, dem anstehenden Thema und der zu klärenden Frage oder Herausforderung.

Subjektive Deutungen einzelner Personen (2)
Die Personen des sozialen Systems machen sich Gedanken über sich und ihre Umwelt. Eine Führungskraft spielt die Auswirkungen von Rückkehrgespräch nach einer Krankheit durch. Die Führungskraft möchte die Krankenquote senken, hält die Methode des Rückkehrgespräches für nicht ausreichend. Die subjektiven Deutungen der verschiedenen Personen in einem sozialen Systems können unterschiedlich oder übereinstimmend sein.
Unterschiedliche Deutungen werden schon beim Begriff „Rückkehrgespräche" offenkundig. Eine Führungskraft kann mit dem Rückkehrgespräch detaillierte Informationen über persönliches Befinden oder den Gesundheitszustand des Mitarbeiters erhalten. Eine andere Führungskraft kann mit dem Rückkehrgespräch eine Rückmeldung

zur eigenen Führung erhalten. Außerdem kann die Führungskraft Feedback zum Organisationsablauf und zu den Arbeitsbedingungen des Mitarbeiters erhalten. Der Mitarbeiter kann mit dem Begriff Rückkehrgespräch Verhör, Anklage, Preisgabe von persönlichen Informationen verbinden. Um die subjektive Deutung der Mitarbeiter zu erkennen sind Einzelinterviews oder Gruppenbefragungen hilfreich.

Verhaltensregeln sozialer Systeme (3)
Im Unterschied zu technischen oder biologischen Systemen ist jedes soziale System durch Regeln bestimmt, d.h. durch Vorschriften darüber, was die einzelnen Personen in dem sozialen System zu tun haben oder zu lassen haben. Diese Regeln können schriftlich fixiert sein, z.B. in Organisationsplänen, Ablauf von Changeprozessen, Aufgaben- /Stellenbeschreibungen, Projektplänen, Konstruktionsplänen und Regelungen zur Durchführung von Rückkehrgesprächen. Es können auch inoffizielle Regeln bedeutsam sein, die unter der Oberfläche wirken. In der Berufspraxis kann es so aussehen, dass alle Mitarbeiter in Stresssituationen entspannt erscheinen müssen und/oder das äußere Erscheinungsbild kontrollieren wird. Am Beispiel des Rückkehrgespräches könnte eine „inoffizielle oder geheime" Regel bedeuten: Teile Deinem Chef niemals die wahren Gründe für Dein Verhalten und Deine Einstellung mit, es könnte Dir irgendwann nachteilig ausgelegt werden! Regeln können funktional, z.B. alle Mitarbeiter der Schicht beginnen pünktlich ihre Arbeit und erfahren eine sinnvolle Arbeitsübergabe oder dysfunktional sein, z.B. die Führungskraft führt aus dem Bauch heraus einmal verständnisvoll, ein anderes Mal autoritär oder unfair.
Die Einführung neuer Regeln ist dann erfolgreich, wenn mit den Betroffenen Erwartungen, Wünsche, persönliche und berufliche Perspektiven und Entwicklungen einbezogen werden.

Regelkreise und Interaktionsstrukturen (4)
Die Personen in einem sozialen System beeinflussen sich wechselseitig. Daraus entstehen immer wiederkehrende Verhaltensmuster oder Interaktionsstrukturen. Diese Verhaltensweisen bezeichnen wir auch als Regelkreise oder Rückkopplungsprozesse. Das dargestellte Beispiel des vorsichtigen Wiederstandes von Mitarbeitern bei Veränderungsprozessen verdeutlicht diese Interaktion. Die Geschäftsführung kritisiert wiederholt, dass sich die unterstellten Mitarbeiter (Meister und Abteilungsleiter) nicht in dem geplanten Projekt engagieren. Und die unterstellten Mitarbeiter sind aus eigener Sicht nicht motiviert, weil die Geschäftsführung zu schnell vorgeht. Das Projekt ist im Vorfeld fixiert, so besteht keine Chance zum Gedankenaustausch. Hier entsteht mit der Zeit eine stabile Interaktionsstruktur, d.h. ein Regelkreis, in dem sich das Verhalten der Geschäftsführung und das der Führungskräfte gegenseitig beeinflussen. Um aus diesem Regelkreis herauszukommen, ist Prozessberatung mit Coaching hilfreich.

In vier Schritten (Orientierungs-, Klärungs-, Veränderungs-, Abschlußphase) begleitet der Berater/ Coach das soziale System (Auftraggeber, Beteiligte und Betroffene) auf der Suche nach Ideen und Lösungen. Wichtig ist es, in Veränderungsprozessen flexibel zu sein, die Freiwilligkeit der beteiligten Führungskräfte zu würdigen, akzeptierte Ideen und Lösungen zur Veränderung zu nutzen.

Die Systemumwelt (5)
Das Verhalten in sozialen Systemen ist durch die Systemumwelt bestimmt, unter anderem durch die materielle Umwelt, wie der Arbeitsplatz, vorhandene Geräte, technische Hilfsmittel etc.. Einbezogen werden auch der Arbeitsraum, das Gebäude und die sonstigen Anlagen des Unternehmens. Darüber hinaus werden auch die Personen und Systeme außerhalb des betroffenen Raums einbezogen. Hierzu gehören weitere Bereiche des

Unternehmens, die Geschäftsführung, bestimmte Kunden, Lieferanten und Nutzergruppen (als Stakeholder beschrieben). Außerdem können Berater, die für Meister und Abteilungsleiter als Teil der Systemumwelt tätig sind die Unternehmenswerte, Normen, Regeln und weitere Systemelemente beeinflussen. Für die Vielzahl der materiellen Veränderungen könnte es bedeuten, dass durch die Neuausrichtung des Unternehmens unterschiedliche Konsequenzen entstehen. Dies hat Auswirkungen auf das physische und psychische Befinden der Mitarbeiter. Deshalb sollte bei Veränderungen entscheidende Personen und deren Ideen mit einbezogen werden. Besonders erfolgreich ist ein Optmierungsprozess dann, wenn rechtzeitig, vertrauensvoll und fair kommuniziert wird.

Die Entwicklung sozialer Systeme (6)
Analog zu biologischen Systemen entwickeln sich soziale Systeme, sie entstehen, gedeihen, wachsen, strahlen, verändern sich und lösen sich auf. So wechseln Mitarbeiter den Arbeitsbereich, verlassen bekannte Beziehungsstrukturen und streben eine offene Aufnahme in der neuen Arbeitsgruppe an. Das heißt, dass sich im Laufe der Zeit Personen, subjektiven Deutungen, Regeln und Interaktionsstrukturen eines Systems verändern können. Das können für unser Beispiel die „kritischen Mitarbeiter" der Diskussionsrunde sein. Es können auch Methoden zur Durchführung von Veränderungsprojekten im Vordergrund stehen. Das bedeutet, dass im Rahmen eines Workshops mit dem „Ideengang" zunächst alle Erkenntnisse, Eindrücke gesammelt, passende Fundstücke aus der Natur präsentiert und diskutiert werden. Daraus ergibt sich dann eine akzeptierte Diagnose, eine Zielstellung und klare Aufgabenverteilungen im Projektteam.
Es können auch Personen und Faktoren außerhalb des betreffenden Systems Einfluss nehmen. Dazu gehören z.B. andere Bereiche des Unternehmens, die Geschäftsführung, bestimmte Kunden und Lieferanten, externe Berater und Trainer, die für die Abteilung oder das Team Teil der Systemumwelt sind. Darüber hinaus können Werte, Normen, Auditierungen, Zertifikate, Verfahrensvorschriften (ISO) und Regeln (Gesetze) das soziale System von außen beeinflussen. Für die Vielzahl der materiellen Veränderungen könnte es bedeuten, dass durch Wechsel der Arbeitsweise von analoger zu digitaler Kommunikation verschieden Veränderungen entstehen. Veränderungen können sich auswirken auf das Arbeitsumfeldes, den Raum und die Ausstattung. Dies könnte eine Bedeutung auf das physische und psychische Befinden der Mitarbeiter haben. Deshalb sollte bei Veränderungen rechtzeitig, vertrauensvoll und fair über die Auswirkungen und Konsequenzen kommuniziert werden.

1.4 Systemelemente, die Führung und Wachstum beeinflussen

- Organisation: Aufbau- und Ablauforganisation, Bereich, Abteilung, Gruppe, Team, Informationsbeschaffung + Verteilung, Regeln, Auswirkungen, Sanktionen.
- Technik: Bedeutung der IT, Vorsprung und Innovation vor wem, wozu? Forschung & Entwicklungs (F&E)
- Mitarbeiter: Einstellung, Erwartung, Wünsche, Bedürfnispyramiede, Feedback.
- Kunden: Intern- /externe Kunden, Einstellung, Erwartung, Grad der Zufriedenheit.
- Umwelt: Ökologie <> Ökonomie, Unternehmenspolitik, Beeinflussung der Gesellschaft, Kunden und Lieferanten, Gebäude, Arbeitsplatz, Maschinen.
- Entwicklung: Wie verlief die Entwicklung, Reife, Blühte? Was verliert an Bedeutung, verblasst, verfließt? Welche Faktoren fördern, bzw. behindern Wachstum?
- Auswirkungen der Systemischen Organisationsberatung auf den Beratungsprozess sowie Klarheit zum Auftrag und Akzeptanz im Umfeld erzeugen.

- Methodische Leitung, systematisches Vorgehen in vier Phasen, d.h. der Orientierungs-, Informations- und Klärungsphase, Veränderungs- und Abschlußphase.
- Einbindung in die „Konstruktion der Wirklichkeit“ des Klienten, z.B. in welchem System lebt der Klient und was ist seine Fragestellung und sein Konstruktsystem?
- Einbezug unterschiedlicher Perspektiven, anderen Beteiligten und betroffenen Personen.
- Anteile von „Expertenberatung“ des Beraters und anderer Beteiligter.
- Einsatz zielgerichteter Übungsphasen. Übersetzung der Lösungen, Alternativen und Aktivitäten in die Sprache des Klienten.
- Sicherung der Umsetzung, Vereinbarungen treffen (Kontrakte), Hausaufgaben und Bilanztermine vereinbare

2.0 Unternehmensentwicklung (Vision, Value, Mission)

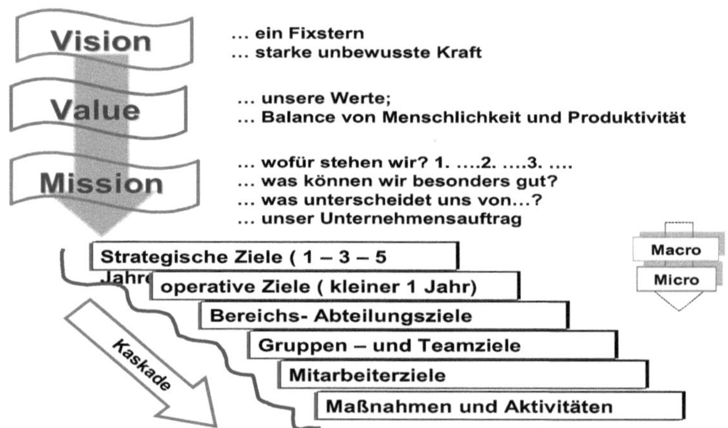

3.0 Systemische Führung

Einflussfaktoren der „Systemelemente" auf die Führung

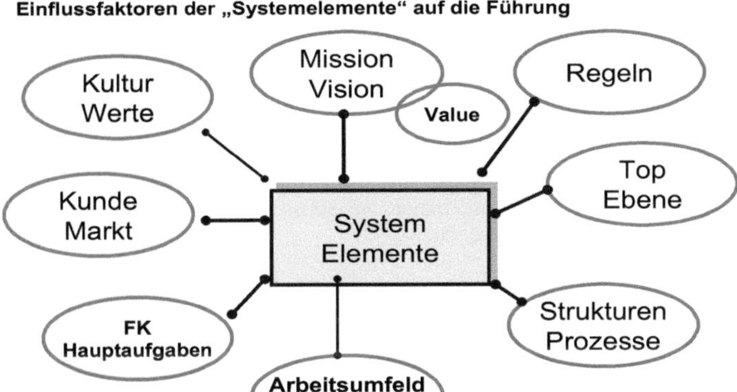

Die subjektive Wahrnehmung der Wirklichkeit, die persönlichen, kulturellen und gesellschaftlichen Werte, all das beeinflusst unser Führungsverhalten. Betrachten Sie jedes Systemelement gesondert und stellen Bezüge und Auswirkungen zu Ihrem Führungsstil her.
Für Ihre Führungspraxis bedeutet diese Erkenntnis, dass Sie sich vor allem mit Ihren Mitarbeitern beschäftigen sollten. Der Erfolg von praktischer Führung hängt u.a. von der investierten Zeit, den verwandten Methoden und von dem Nutzen ab, den Sie als Führungskraft und Ihr Mitarbeiter daraus erfährt.

Unter Führungsverhalten kann jede Art der Einflussnahme, die Sie als Führungskraft zur Durchsetzung Ihres Willens oder zur aktiven Beeinflussung Ihrer Mitarbeiter, verstanden werden.

In Anlehnung an Wolfgang Saaman heißt Führen, andere Personen erfolgreich zu machen, das bedeutet:

- In die Mitte treten und andere um sich versammeln
- Mitdenken fördern und eigenständiges Handeln ermöglichen
- Eine auf Eigendynamik angelegte Leistungsgemeinschaft schaffen und durch Anregung, Koordination und Zielabsprachen wach halten
- Die unterschiedlichen Verhaltensweisen und Arbeitspräferenzen mit einander verbinden gesunde Beziehungen zulassen und stabilisieren
- Gerecht, menschlich und kalkulierbar sein, Konflikte erkennen, bearbeiten + lösen
- Dynamisch führen, je nach Reifegrad des Mitarbeiter < eng < nach > weit >
- Vorleben, was für andere nachahmenswert sein soll
- Selbstvertrauen, Mut und positive Gefühle als Wert der Gemeinschaft stützen
- Realitäten akzeptieren und das Machbare anstreben, Anreize schaffen
- Gelungenes wahrnehmen, Person und Leistung anerkennen

3.1 Dynamischer Führungsstil

Im Sinne von Führung gibt es keinen „besten Weg“ um Menschen zu beeinflussen. Der persönliche Führungsstil hängt von der Einstellung und der Bereitschaft der Mitarbeiter oder des Teams ab. Dynamisches Führen fordert eine sorgfältige Analyse- und Diagnosefähigkeit durch die Führungskraft und die Bereitschaft, eine Reihe von unterschiedlichen Verhaltensweisen einzusetzen. Folgende Basisfähigkeiten, Fertigkeiten und Einstellungen sind für Führungskräfte wichtig:
Klarheit zur Rolle im Unternehmen und zur Bedeutung als Führungskraft Zeit einplanen zur Dokumentation der Eigenarten und Verhaltensweisen Ihres Mitarbeiters; hierzu gehören u.a. Leistungsfähigkeit, Engagement, Begeisterungsfähigkeit (Präferenz) zur Arbeit; betrachten Sie Führung als eine Zukunftsinvestition; präsentieren Sie Ihre Visionen und laden Sie Ihre Mitarbeiter zum Ideenfluss ein.

Ihre persönlichen Verhaltensweisen sind vertrauensvoll, menschlich, einfühlsam in der Sache engagiert, kreativ und kundenorientiert sein. Ihre verwandten Methoden sind:

- Ziele definieren und Ziele anweisen,
- Zielvereinbarung praktizieren und delegieren,
- dynamische Führung praktizieren,
- Rollen der Prozess- und Expertenberatung anwenden,
- Feedback geben und empfangen,
- regelmäßige Mitarbeitergespräche führen mit Selbst-/Fremdbildabgleich.

3.2 Kompetenzen der Mitarbeiter - Messgrößen zur Beurteilung

In diesem Zusammenhang bedeutet Mitarbeiterkompetenz, u.a. die

+ Fertigkeiten und Handlungen, welche zur Wertschöpfung des Unternehmens, -Bereiches und des Teams beitragen.
+ Fertigkeiten, welche zur Erfüllung der kurz- / mittel- und langfristigen Ziele der Abteilung, des Bereichs und des Unternehmens erforderlich sind.
+ Fertigkeiten, welche Ihre Mitarbeiter zur persönlichen und effektiven Teamentwicklung und Projektarbeit beitragen.
+ Das Verbinden und Zusammenführen von Menschen im Sinne von „Linking Skills“ steht hierbei im Vordergrund.

3.3 Diagnose von Reife- / oder Entwicklungsgrad des MA
Zur Diagnose wird insbesondere der Reife- oder Entwicklungsgrad des Mitarbeiters betrachtet.

Dies ist ein fließender Prozess und wird bestimmt durch die Fähigkeit und Fertigkeit der Führungskraft.

<< besonders zu entwickelnde Kompetenz = geringer Reifegrad

< zu entwickelnde Kompetenz = mäßiger Reifegrad

o zufriedenstellende Kompetenz = befriedigenderer Reifegrad

+ hohe Kompetenz = guter Reifegrad

++ sehr hohe Kompetenz = sehr hoher **Reifegrad**

3.4 Methodenauswahl in der dynamischen Führung
Auf Grund dieser Diagnose wird der entsprechende Führungsstil gewählt, d.h.

< eng < nah > weit >

passende Verhaltensweisen:
< Aufgaben zuweisen...>
< lenken und anleiten...>
< Ziele anweisen und kontrollieren..............>

passende Verhaltensweisen:
< unterstützen, begleiten, beraten, Feedback geben >
< lenken, anleiten, trainieren, kontrollieren, optimieren >
< Mittel- und langfristige Ziele vereinbaren >
< benennen: für wen, wie, womit, bis wann, woran messen wir Erfolg? >

passende Verhaltensweisen: < delegieren, bilanzieren, optimieren >
< Übertragung von Aufgabe/Verantwortung >

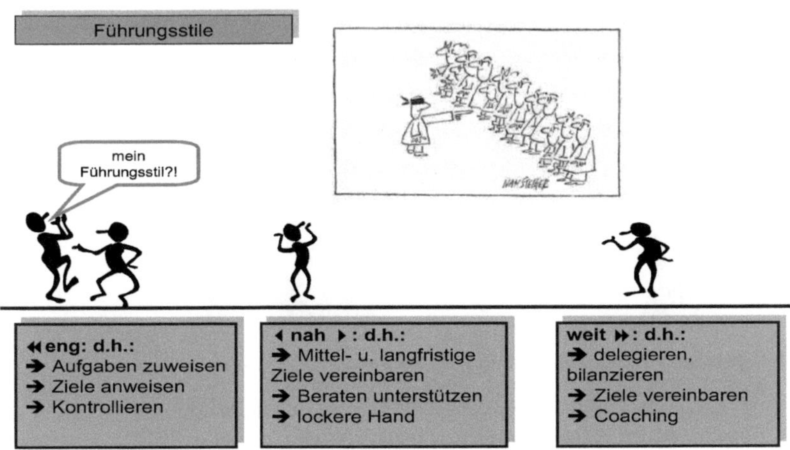

3.5 Wie viele Mitarbeiter können Sie effektiv Führen?

Die Voraussetzung zum Führen ist Ihre Bereitschaft zur Diagnose Ihrer Mitarbeiter.

- Je nach Kompetenz oder Reifegrad führen Sie dynamisch von

< eng   < nah >   weit >.
bis 9 Mitarbeiter   bis 12 Mitarbeiter   bis 25 Mitarbeiter

Darüber hinaus beeinflussen folgende Faktoren Ihre Führung.

- Welche Arbeitsanforderungen auf Basis der Hauptaufgaben sind relevant?
- In welchem Zusammenhang, in welcher Wertschöpfungskette arbeitet Ihr Mitarbeiter?
- Wie ist die aktuelle hierarchische Einbindung Ihres Mitarbeiters im Unternehmen, z. B. befindet sich der Mitarbeiter im beruflichen Abstieg, bleibt seine Rolle konstant oder ist Ihr Mitarbeiter im beruflichen Aufstieg?
- Was bevorzugt Ihr Mitarbeiter wenn er arbeitet, wo zieht es ihn hin, was gelingt ihm besonders leicht? Einbezug der Arbeitspräferenzen auf Grundlage des Team Management Profil (TMS)
- Wie gestalten sich Ihre Führungswege und Geschwindigkeiten?

Führen Sie auf...
< kurzer Distanz (Arbeitsplatz im Raum)
< > auf mittlerer Distanz (Arbeitsplatz im Hause) oder
> auf entfernter Distanz (Mitarbeiter arbeitet an einem anderen Ort)?

3.6 Entwicklungsfelder / Fragen für die Führungskraft

Folgende Fragen dienen der Führungskraft als Reflexion des eigenen Führungsstils und ermöglichen Potentiale zu erkennen und Chancen zu bearbeiten:

Wie stehen Sie zu folgenden Fragen der Führung?

- Durch welches Verhalten wird man „Führer“ oder Führungskraft?
- Durch welches Verhalten bleibt man Führungskraft?
- Welches Verhalten zeigen erfolgreiche Führungskräfte?
- Welches Führungsverhalten könnte ich als FK für mich persönlich nutzen?
- Warum akzeptieren die Geführten (Mitarbeiter) eine Führungskraft?

- Wie reagieren die Geführten auf mein Führungsverhalten?
- Welches Führungsverhalten bevorzugen sie?
- Welche Wünsche der Mitarbeiter könnte ich aufnehmen, bewerten und optimieren?
- Wie wirkt sich das Führungsverhalten aus?
- Welche positive Zielbild strebe ich an?

Ihre weiteren Fragen und Anregungen zum Führungsstil und zum Führungsverhalten

3.7 Beispiele für Leitsätze zur Führung:

Führungskräfte sind Vorbilder und Partner von Menschen, nicht deren Besitzer.
Ihre Aufgabe besteht darin, den Menschen ein Gefühl der Kompetenz und Autonomie zu vermitteln.
Heiterkeit, Klarheit und Herzlichkeit sind Meilensteine auf dem Weg zu erfolgreicher Führung.

4.0 Sytematische Zielvereinbarung – Ablaufschritte mit sechs Phasen:

1. Anlass zur Vereinbarung, worum geht es, was soll anschließend anders / besser werden?
2. Zielklarheit schaffen, d.h. wozu soll was getan werden, wer hat davon welchen Nutzen, für wen soll es getan werden, was genau soll getan werden, woran messen Sie den Erfolg (Messgrößen)?
3. Informationen beschaffen, wer hat wer braucht was?
4. Ziel- und Maßnahmenplanung
5. Maßnahmen systematisch durchführen auf Basis eines Aktivitäten- oder Projektplanes.
6. Arbeitsergebnisse bilanzieren und bewerten, Zielabgleich vornehmen, Grad der Zufriedenheit auf allen Bezugebenen erfragen, messen, Anerkennung von Person und Leistung, dokumentierte Erfahrungen für Folgeschritte nutzen.

4.1 Messgrößen bei einer Zielvereinbarung – beim Vertrag:

Wertschöpfung > was wird besser, optimaler, in welchem Bereich wirkt sich der Gewinn aus?

Kosten > wie hoch ist der Aufwand, welche Ressourcen sind erforderlich?

Qualität = Güte > welche Erwartungen hat der Kunde, der Stakeholder, welche Kriterien zum Erfolg sind bekannt?

Quantität =Menge > in Bezug zur Aufgabe, zum Produkt, zur Dienstleistung, zum Service.

Zeit > Anfang < Zwischentermine / Meilensteine > Ende

Zusammenarbeit > konstruktive Kooperation, Informationsfluss heißt was, für wen?
Welche fuktionalen Verhaltensregeln nutzen wir im Prozess?
Wie gehen wir mit Abweichungen und Konflikten um?
Wir nutzen in der Zusammenarbeit folgende Verhaltensweisen

5.0 Mitarbeitergespräche

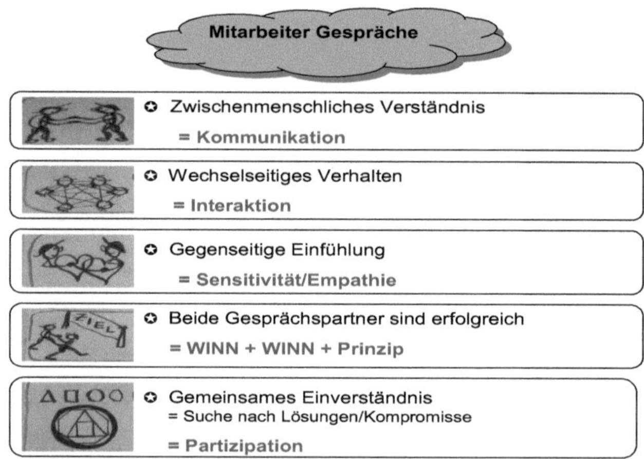

6.0 Aufbau und Struktur einer Stellenbeschreibung

Aufbau und Erläuterung zum Nutzen, zur Planung, zum Partnerinterview und zur Auswertung der Ergebnisse. Eine Stellenbeschreibung mit Definition von Hauptaufgaben und Präzisierung der Aufgaben im Einzelnen erzeugt für alle Beteiligten im Führungs- und Kommunikationsprozess folgenden

+ Nutzen: Für den Mitarbeiter...
ist die SB die Präzisierung des Anstellungsvertrages, d.h. Klarheit zur Rolle, zu den Aufgaben und den Rahmenbedingungen in der Abteilung, im Team. Die SB stellt die Grundlage für einen sachorientierten Austausch mit der überstellten Führungskraft dar.

Auf Basis einer Vereinbarung bzw. Vorgabe durch die Führungskraft können unterjährige Bilanzgespräche durchgeführt werden. Anschließend wird der Grad der Zielerreichung überprüft und zieldienliche Maßnahmen vereinbart.

+ Nutzen für die Führungskraft...
ist die SB die Präzisierung des Anstellungsvertrages des Mitarbeiters. Nach Zusammenführung von allen Stellenbeschreibungen wird die Ausrichtung der Abteilung, bzw. des Teams deutlich. Aussagen zur Rolle, zu den Aufgaben und den Rahmenbedingungen werden schriftlich dargelegt.

Die SB stellt die Grundlage für einen sachorientierten Austausch mit dem unterstellten Mitarbeiter dar. Auf Basis einer Vereinbarung bzw. Vorgabe mit dem Mitarbeiter werden unterjährige Bilanzgespräche durchgeführt werden, der Grad der Zielerreichung überprüft und zieldienliche Maßnahmen vereinbarte werden. Die SB dient als Reflexionsgrundlage im Jahresmitarbeitergespräch mit dem Mitarbeiter, d.h. Feedback zur Leistung, zu den Ergebnissen und zum Verhalten werden formuliert.

6.1 Interviewleitfäden für ein Paargespräch

Suchen Sie sich einen ruhigen, störungsfreien Platz mit heller, freundlicher Atmosphäre. Für die kommende Stunde könnten Kaffee/Tee, bzw. kühle Getränke förderlich sein. Organisieren Sie sich so, dass Sie bequem sitzen, mit Achtsamkeit und Freude dieses wichtige Interview durchführen kann. Bevorzugen Sie einen Arbeitsplatz mit einer festen Schreibunterlage, setzen Sie sich so, dass beide Partner Blick auf ihre Aufzeichnungen haben (z.B. 90° Sitzposition). Vereinbaren Sie zweckdienliche Verhaltensregeln, z.B. wir beide sind für ein gutes Ergebnis verantwortlich, wir konzentrieren uns auf die schriftlichen Aufzeichnungen im folgenden Vordruck und schreiben so, dass unsere Führungskraft die Aufzeichnungen gut lesen kann, in der Rolle des interviewten Mitarbeiters beschreibe ich meine Hauptaufgaben um anschließend eine Prozentaufteilung vorzunehmen, von meinem Interviewpartner wünsche ich mir verständliche Fragen, zieldienliche, gut lesbare Notizen im Bogen, volle Aufmerksamkeit während der Interviewphase und Verantwortung für unser Planzeit von < 30 Min. pro Interview, außerdem erwarte ich einen vertrauensvollen Umgang miteinander und Verschwiegenheit über die Resultate.

6.2 Strukturen einer Stellenbeschreibung

1 Als Stellenbezeichnung wird die Bezeichnung laut Organigramm eingetragen. Dann sind die Stellen- bzw. Positionsbezeichnungen der Führungskraft bzw. der unterstellten Mitarbeiter anzugeben. Gelegentlich erhält der Mitarbeiter von mehreren Führungskräften Ziele, Aufgaben und Weisung zugeteilt. Klären Sie die Zuständigkeit und stellen Sie Klarheit her. Falls ein Mitarbeiter seinen Bereich wechselt, ist derjenige für die Führung, Zielvorgabe- /Vereinbarung zuständig, der mehrheitlich in den letzten sechs Monaten die Personalverantwortung innehatte.

2 Unter Ziele nehmen Sie die langfristigen Ziele (1 – 5 Jahre) auf. Fragen Sie sich, warum die Stelle benötigt wird oder welcher Nutzen mit der Stelle fürs Unternehmen entsteht. Beantworten Sie die Frage: was geschieht, wenn sie gestrichen wird.

3 Darauf aufbauend beschreiben Sie die übergeordneten Aufgaben 1.2.3. Hauptaufgaben (in Prozent Anteilen = % per Anno), die sich auf Organisation, Führung, abteilungsübergreifende Information und soziale Kompetenz beziehen.

4 Definieren Sie die Aufgaben im Einzelnen 1.2.3.. Achten Sie darauf, dass hier die wichtigsten Aufgaben genannt werden. Auf Details, die immer wieder veränderbar sind (Dynamik), können Sie hier verzichten.

5 Wichtig ist, wer den Stelleninhaber vertritt bzw. wen der Stelleninhaber vertritt. Hiermit kann die Bedeutung der Stelle ausgeweitet werden. Unterscheiden Sie zwischen der fachlichen Vertretung, die ein Mitarbeiter der Abteilung übernimmt und der Stellenvertretung in der Führungsaufgabe, die eine ranghöhere Führungskraft bzw. ein gleichrangige Führungskraft einer anderen Abteilung übernehmen soll.

6 Die nicht delegierbaren Aufgaben sollten in der Stellenbeschreibung hervorgehoben werden. Damit ist die Verantwortung klar.

7 Unter Rechte und Kompetenzen geben Sie z.B. die Zeichnungsberechtigung (z.B. die Berechtigung zum Ein- und Ausstellen von Mitarbeitern usw.) an. Diese Angaben dienen der Klarheit für alle Beteiligten.

8 Die außergewöhnlichen Fälle können Sie sicher nur zum Teil vorherbestimmen. Legen Sie fest, wer in derartigen Fällen informiert/konsultiert werden soll.

6.3 Vordruck zur Aufgabenbeschreibung für
Frau/Herr..Ort:......................Datum:
1 Stellenbezeichnung:
Der Stelleninhaber ist direkt unterstellt:
Dem Stelleninhaber sind unterstellt:

2 Das Ziel der Stelle:

3 Die übergeordneten Aufgaben Hauptaufgaben in % Anteilen:

Nr.	Hauptaufgabe (Was)	Prozent(%)
1.		
2.		
3.		
4.		

4 Die Aufgaben im Einzelnen:

Nr.	Die Aufgaben im Einzelnen (Was genau)
Zu 1.	
Zu 2.	
Zu 3.	
Zu 4.	

5 Vertretung und Stellvertretung:

6 Die nicht delegierbaren Aufgaben:

7 Rechte und Kompetenzen:

8 Die außergewöhnlichen Fälle:

6.3 Strukturen für die Nachfolgeplanung

Personalmanagement im Kontext der Unternehmensentwicklung

Das wichtigste Kapital eines Unternehmens sind die Menschen, die sich für die Erreichung der Unternehmensziele einsetzen. Diese Menschen zu finden, sie gezielt einzuarbeiten, effektiv zu fördern und langfristig zu entwickeln ist Aufgabe und Herausforderung gleichermaßen. Mitarbeiter der Personalentwicklung sind Berater und Begleiter aller Mitarbeiter des Unternehmens hierzu gehört:

- Vorausschauende Personalbedarfsplanung – auf Basis der strategischen Unternehmensziele
- Einführung und Optimierung von Stellenbeschreibungen, Präzisierung der Hauptaufgaben und Definition von Anforderungsprofilen
- Systematischen Nachfolgeplanung in Ihren Bereich sowie der Auswahl von Fach- und Führungskräften
- Stellendefinition, dem situationsgerechten Auswahlprozess sowie begleitendem Coaching von Führungskräften im Auswahlprozess
- Gestaltung und Schaltung von Stellenanzeigen (Text, Layout), Zeitungen auswählen (lokal, regional, bundesweit)
- Systematischen Analyse und Bewertung der schriftlichen Bewerbungen
- Selektion von Bewerbern in persönlichen Gesprächen und/oder geeigneten Auswahlverfahren (z.B. situatives Interview, praxisnahe Rollenübung, Assessment – Center)
- Abgleich von Arbeitsanforderungen, d.h. „Was muss der Stelleninhaber zukünftig tun?“ und den persönlichen Präferenzen, d.h. „Welche Neigungen

besitzt der Bewerber, wohin zieht es ihn besonders, was gelingt ihm leicht mit hohem Engagement?"

- Präsentation geeigneter Bewerber vor dem Auftraggeber
- Dokumentation des Bewerbungsprozesses, Darstellung im Dokumentationsbogen
- Begleitung des Entscheiders bei der Entscheidungsfindung
- Unterstützung bei der Vertragsgestaltung, Integration in die Unternehmenskultur
- Erhebung des Lern- und Entwicklungsbedarfes
- Unterstützung bei der Ziel- und Maßnahmenplanung sowie der Einbindung in die systematisierte Personalentwicklung des Unternehmens.

Ihre Partner meinen: *„Vision, Mission und Value bilden die Grundlage für wertschöpfendes Personalmanagement in Ihrem Unternehmen."*

6.4 Stellenausschreibung (Annonce für einen Regional – Verkaufs – Leiter in NRW)

Wir sind ein erfolgreiches Produktions- und Handelsunternehmen in der Möbelindustrie. Unsere Kunden aus der Hotel- und Kongressbranche schätzen unser Know-how und unsere Präzision. Mit 1600 Mitarbeitern fertigen wir in Europa, Asien, Nordamerika maßgeschneiderte Kundenlösungen. Hierbei sind Geschwindigkeit und Wirtschaftlichkeit wichtig. Bei der Produktion von Bürostühlen kommt dem Kundennutzen wie z.B. Funktionalität, Langlebigkeit und Qualität eine besondere Bedeutung zu.

Wir suchen für unseren nationalen Vertrieb in Westdeutschland einen regionalen Verkaufsleiter mit handwerklicher oder technischer Ausbildung. Ideal sind Branchenerfahrungen in der Büromöbelindustrie.

Sie bringen Ihre Vertriebserfahrungen und technische Kompetenz in die Unternehmensentwicklung ein. Sie führen Kundenge-spräche und Verhandlungen mit Geschäftsführern, Einkäufern, Projektleitern und Ausrüster von Messeeinrichtungen und Kongressen.

Sie tragen zur Sicherung des Kundenstammes bei und stabilisieren Umsatz und Ertrag in der Region NRW. Sie entwickeln das Kundenportfolio weiter und durchdringen den regionalen Markt. Sie planen auf Basis der Unternehmensziele Ihr Vorgehen in Anbahnung und Abschluss bei Kunden.

Sie sind als Regional- Verkaufsleiter Manager Ihrer Region tätig. Sie steuern auf Basis von Kennzahlen Ihre Region und handeln unternehmerisch nach Merkmalen wie Güte, Menge, Zeit, Kosten und Wertschöpfung.

Sie besitzen mehrjährige Berufserfahrungen in vergleichbarer Rolle. Sie sind ein kreativer, gewissenhafter und dynamischer Mensch. Sie verstehen es, Bewährtes zu erhalten und engagiert Aufbau-/ Entwicklungsarbeit in der Region zu leisten.

Die angebotene Position bietet Ihnen die Chance, eine verantwortungsvolle Aufgabe innerhalb eines angenehmen Betriebsklimas wahrzunehmen und wesentlich mitzugestalten. Reizt Sie die Herausforderung, dann senden Sie uns Ihre aussagefähigen Bewerbungsunterlagen an die Personalabteilung z. H. Herrn Wohlgemut.

Checkbogen für die Bewerberauswahl:

#	Name + Anschrift	Alter	Aktuelle Rolle	Bewerbungsunterlag. 1------10	Fachkompetenz 1------10	Method. Kompetenz 1------10	Führungs- u. soziale Komp. 1------10	Persönliche Komp 1---10	TMS	1.G am: Min.	Gehaltswünsche p. A.	Eindruck 1-10	Rang/ Empfehlung 1---10	Schrift verk. vom:

7.0 Effektive Selbstorganisation und konsequente Zeitplanung

Nimm Dir Zeit, um zu arbeiten; es ist der Preis des Erfolges.
Nimm Dir Zeit, um nachzudenken; es ist die Quelle der Kraft.
Nimm Dir Zeit, um zu spielen; es ist das Geheimnis der Jugend.
Nimm Dir Zeit, um zu lesen; es ist die Grundlage des Wissens.
Nimm Dir Zeit, um freundlich zu sein; es ist das Tor zum Glücklich sein.
Nimm Dir Zeit, um zu träumen; es ist der Weg zu den Sternen.
Nimm Dir Zeit, um zu lieben; es ist die wahre Lebensfreude.
Nimm Dir Zeit, um froh zu sein; es ist die Musik der Seele. (Aus Irland)

7.1 Ziel- Zeit- und Lebensmanagement

Die Erfahrungen von Führungskräften zeigen: Aktivitäten planen und ausführen ist nicht alles. Die Dynamik des Berufslebens bestimmen die Dinge, die wir tun. Zeitplansysteme zeigen uns, wie Sie die Dinge zeitlich richtig ordnen können. Sie leiten uns an, langfristige Ziele auf Jahre, Monate, Wochen und schließlich auf Tage zu verteilen. Somit können Sie Ihre Einstellungen und Ziele Schritt für Schritt erreichen.

Dennoch haben trotz Disziplin und Fleiß einige Personen zu wenig bis keine Zeit für das Privatleben. Individuell unterschiedlich erleben wir Zeit und Zufriedenheit, z.B. im: Arbeitsprozess durch Leistung und Erfolg persönlichen Kontakt mit der Familie, Freunden und in der Kunst.

Im Sport wünschen wir uns ein Gefühl körperlicher Gesundheit, Fitness und die Erfüllung persönlicher Ziele. Indem Sie Ihr eigenes Zeiterleben erkennen, erweitern Sie Ihre Entscheidungsmöglichkeiten und gewinnen „Zeitsouveränität".

Wie kommen Sie nun von den philosophischen Aussagen zur Analyse, Reflexion und Optimierung Ihres eigenen Ziel- und Zeitmanagements? Wir wissen, zielbewusstes Zeitmanagement, eine konsequente Planung und effektive Selbstorganisation sind wesentliche Grundlagen für dauerhafte, berufliche und unternehmerische Erfolge.

Aber überdurchschnittliche Leistungen verlangen mehr. Sie sind in der Regel Ausdruck klarer Intuition, guten Gespürs für den rechten Augenblick, Gegenwartsklarheit und Gelassenheit auch in turbulenten Situationen.

Zeit ist mehr als Geld - Zeit ist Leben. Die Zeit zu nutzen ist eine Chance, denn Zeit haben Sie in Hülle und Fülle. Zeit entsteht ständig neu, Sie brauchen Eigeninitiative, Neugier, Verantwortung und Mut.

Der finanzielle Erfolg aus der Arbeit allein befriedigt und motiviert nicht. Sinn in der Arbeit ist gefragt. Inwieweit Sie Ihr Tun als sinnvoll und erfüllt erleben, hängt in starkem Maße von Ihrem "Lebenstempo" ab. Auch davon, wie sehr Sie im Einklang mit Ihrem inneren Rhythmus sind und wie Sie die verschiedenen Lebensbereiche in eine harmonische Balance bringen.

Wie können Sie eine tragfähige Balance von Beruf > Gesundheit > Kontakten zu Freunden und der Sinnfrage herstellen?

7.2 Balancen in den Lebensbereichen

"Leistung/Arbeit“ „Gesundheit/Körper/Sinne“

Lebensbereiche

„Kontakte/Beziehungen“ „Sinn/Zukunft"

Überprüfen Sie die Lebensbereiche, fragen Sie sich kritisch wie es mit Ihrer Balance steht. Besprechen Sie Ihre Erkenntnisse mit einem Vertrauenspartner und unternehmen Sie Schritte, wie Sie zu einer für Sie stimmigen Balance kommen. Hierbei wünsche ich Ihnen viel Erfolg. Zwei Seiten des Erfolges. Unser Verständnis von Wachstum und Unternehmensentwicklung heißt, stets arbeitsbereit und mit hoher Motivation tätig zu sein. Wir können „fast“ alles, wir sind Profis und wir stellen eine herausragende Qualität sicher, die den Anforderungen unserer Kunden entsprechen, und vor allem schnell!

Die andere Seite des Erfolgs heißt: Hetze, Rastlosigkeit, Stress und Überlastung.
„In der einen Hälfte des Lebens opfern wir unsere Gesundheit, um Geld zu erwerben.
In der anderen Hälfte opfern wir Geld, um die Gesundheit wieder zu erlangen.“ (Voltaire)

Führungskraft beschäftigen zentrale Fragen:

- Was heißt das, wenn ich sage: Ich habe keine Zeit?
- Welche Bedeutung haben die Begriffe „Dringlichkeit und Wichtigkeit“ für meine Prioritätensetzung und für mein Zeitmanagement?
- Wie zufrieden bin ich mit meiner Selbstorganisation und Zeitplanung, was klappt gut, was könnte ich weiter verbessert werden?
- Wer, z.B. Führungskräfte, Kollegen ... oder was, z.B. Rollenänderung, Aufgabenwechsel, könnten zur Optimierung beitragen?
- Wie könnte ich unser Team so organisieren, dass wir unsere Kunden dauerhaft zufrieden stellen sowie unsere Leistungsfähigkeit und unser Gleichgewicht erhalten?

Setzen Sie sich mit diesen Fragen auseinandersetzen, sammeln Sie Ideen zur Optimierung und planen realistische Schritte zum Praxistransfer.

Die Erfahrungen von Führungskräften zeigen,

- Aktivitäten planen und ausführen ist nicht alles.
- Zielbewusstes Zeitmanagement, konsequente Planung und effektive Selbstorganisation
- sind wesentliche Grundlagen für dauerhafte, berufliche und unternehmerische Erfolge.
- Überdurchschnittliche Leistungen fordern mehr.
- Sie sind Ausdruck klarer Intuition, guten Gespürs für den rechten Augenblick,
- Gegenwartsklarheit und Gelassenheit auch in turbulenten Situationen.
- Zeit ist mehr als Geld...Zeit ist Leben.

7.3 Systematische Planungen mit der ALPEN – Methode (fünf Stufen)

Eine realistische Tagesplanung sollte grundsätzlich nur das enthalten, was Sie an diesem Tag erledigen wollen bzw. müssen – und auch können! Denn je mehr Sie die gesetzten Ziele für erreichbar halten, umso mehr konzentrieren und mobilisieren Sie auch Ihre Kräfte darauf, diese zu erreichen.
Die nachfolgende Methode ist relativ einfach und erfordert nach einiger Übung nicht mehr als durchschnittlich 5-10 Minuten tägliche Planungszeit. Auch wenn Sie in „Bergen von Arbeit" zu ersticken scheinen, resignieren Sie nicht, und gehen stattdessen nach der ALPEN-METHODE vor.

Die fünf Stufen umfassen im Einzelnen:
A= Aktivitäten auflisten, alles notieren, Aufgaben, Termine, Tagesarbeiten, offen?
L= Länge der Tätigkeiten schätzen (Min. Stunden, Tage...)
P= Pufferzeiten für Unvorhergesehenes reservieren (60:40 Regel)...
E= Entscheidungen treffen, Prioritäten setzen, Kürzungen der Aufgaben, Delegation...
N= Nachkontrolle, Unerledigtes übertragen, Struktur nutzen, Prinzip der Schriftlichkeit

Grundregeln der Zeitplanung
60:40 Regel oder das Verhältnis, was für Sie, in Ihrer Berufsrolle passend ist.

An diesem Beispiel heißt das: ca. 60% für geplante Aktivitäten, ca. 20% für unerwartete Aktivitäten (Reserve für Pufferzeiten und nicht planbare Aktivitäten, Störungen, Zeitfresser beachten), ca. 20% für spontane Aktivitäten (Kommunikation, Beziehungsfestigung, kreative Zeiten usw.). Je nach Art und Eigenheit Ihrer Tätigkeit werden diese Werte nach oben oder unten abweichen.

Einen genauen Aufschluss können Sie aus den Daten einer persönlichen Tätigkeits- und Zeitanalyse erhalten. Verplanen Sie also aktiv nicht mehr Zeit (60%) und reservieren Sie sich (40%) dynamische Zeiten „Pufferzeiten" für unerwartete, spontane Eventualitäten. Der Markt, Kunde und Umweltfaktoren können Einfluss auf Ihre persönliche Ziel- und Zeitplanung haben. Wenn Sie zunächst von einem 10 Stunden Tag ausgehen, heißt das, dass Sie in Ihrem eigenen Interesse nicht mehr als 6 Stunden verplanen dürfen. Ziel könnte jedoch der 8 Stunden Tag mit ca. 5 Stunden verplanter Zeit sein!

7.4 Dringlichkeit / Wichtigkeit, Schnellcheck-Methode zum Erkennen von Prioritäten

Die auf den US-General D. Eisenhower zurückgehende Entscheidungsregel ist ein einfaches und praktisches Hilfsmittel, wenn Sie schnell entscheiden wollen. Prioritäten werden nach den Kriterien Dringlichkeit und Wichtigkeit gesetzt. Es gilt das Prinzip:

DAS DRINGLICHE IST SELTEN WICHTIG – DAS WICHTIGE IST SELTEN DRINGLICH.
Sie können die A B C Analyse auch rechnerisch bewerten, d.h.

Dringlichkeit der Maßnahme Faktor		Wichtigkeit der Maßnahme Faktor		Priorität	
sehr dringlich	= 3	sehr wichtig	= 3	hohe Priorität	= A
dringend	= 2	wichtig	= 2	mittlere Priorität	= B
nicht dringend	= 1	unwichtig	= 1	geringe Priorität	= C

Vorteile der Prioritätensetzung Prioritäten helfen u.a. Arbeiten werden geplant erledigt, dringende Arbeiten werden termingerecht erledigt Unterbrechungen werden gesteuert, Dringlichkeiten werden geprüft Alternativen werden ermittelt, z.B. durch Auswahlfragen, z.B. wenn nötig, wird nach "unten" oder „oben" delegiert.

Positive Auswirkungen:

+ Termine werden eingehalten
+ Arbeitsabläufe und Arbeitsergebnisse werden erfüllbar
+ Mitarbeiter, Kollegen und Führungskräfte werden zufriedener
+ Konflikte werden vermieden
+ alle Beteiligten Mitarbeiter sind zufriedener.

Eine persönliche Rangordnung für die vernünftige Reihenfolge der Erledigung von Arbeiten ist erforderlich. Vorteile für Sie sind:

+ Sie steuern aktiv Ihren Arbeitsablauf
+ Sie vermeiden Konflikte mit Kollegen, Mitarbeitern und Führungskräften
+ Sie vermeiden Doppelarbeit
+ Sie vermeiden unnötigen, persönlichen Stress (Quelle: Polymedia)

Das Pareto- Prinzip, Wertschöpfung bei der Entscheidungsfindung

Das PARETO-PRINZIP ist benannt nach dem italienischen Volkswirtschaftler Vilfredo Pareto (1848-1923) Das Pareto - Prinzip besagt allgemein, dass innerhalb einer gegebenen Gruppe oder Menge einige wenige Teile einen weitaus größeren Wert aufweisen, als dies ihrem relativen, größenmäßigen Anteil an der Gesamtmenge in dieser Gruppe entspricht. Was heißt das nun für Ihre betriebliche Praxis? Es bedeutet, z.B. 20% der Kunden bringen 80% des Umsatzes bzw. Gewinnes. Andererseits heißt es, dass 80% der Kunden aber nur 20% des Umsatzes bzw. Gewinnes bringen.

Angewendet auf Ihr persönliches Zeitmanagement heißt das: Mit 20% der strategisch richtig eingesetzten Arbeitszeit und Energie erreichen Sie bereits 80% Ihres Arbeitserfolges bzw. des erforderlichen Ergebnisses. Prioritäten setzen heißt damit, die „20% Erfolgsverursacher" aufzuspüren und auszubauen! Prioritätensetzung heißt, darüber zu entscheiden, welche Aufgaben erstrangig, zweitrangig etc. und welche nachrangig zu behandeln sind. Aufgaben mit höchster Priorität müssen zuerst erledigt werden.

8.0 Im Team arbeiten: Felix Klar möchte bei der Führung seiner Mitarbeiter folgende Fragen beantworten:

1. Wie kann ich Leistungsfähigkeit und Bereitschaft meiner Vertriebsmitarbeiter überprüfen?
2. Wie kann ich mit Hilfe, z.B. von Stellenbeschreibung, Zielvereinbarung die Kompetenzen und Neigungen der Mitarbeiter besser nutzen?
3. Wie können wir gemeinsam in einem Teamentwicklungsprozess Klarheit über, z.B. Ziele, Ausrichtung im mittelfristigen Vertrieb, Rollen, Aufgaben, Kompetenzen und Neigungen verstehen und Ideen für die Teamentwicklung vereinbaren?

8.1 Gruppenbildung und Teamentwicklung:

Arbeit im Team ist für viele Entscheider ein Reizwort. Für einige bedeutet es Verschwendung von Arbeitszeit, denn effektive Einzelarbeit bringt mehr Nutzen fürs Unternehmen. Für andere heißt Arbeit im Team Organisations- und Unternehmensentwicklung auf hohem Niveau.
Rolf Berth untermauert mit seiner Untersuchung im Buche „Erfolg" aus dem Jahr 1995, die Bedeutung der effektiven Arbeit im Team. *Das gegenseitige Aufeinander zugehen in einer Vertrauensorganisation sind entscheidende Erfolgsfaktoren.* Die Frage nach der passenden Methode und der richtigen Dosis setzt eine sorgfältige Analyse der Situation voraus. Teambildung und Teamentwicklungsmaßnahmen können sehr unterschiedlich sein. Die Herausforderungen im Markt erfordern effektive, schnelle Lösungen. Die interne Organisation eine Unternehmens (Aufbau- und Ablauforganisation, Projekt-, Team- oder Einzelarbeit) orientiert sich an Maßstäben der Wirtschaftlichkeit und bezieht Methoden der Personal- und Organisationsentwicklung mit ein.

8.2 Entstehung von Gruppen

Eine Gruppe im sozialpsychologischen Sinne ist durch folgende Merkmale gekennzeichnet: Kleine Anzahl von Personen (3 bis maximal 7) gemeinsames Interesse, z.B. Hobby. Möglichkeit der unmittelbaren Kommunikation (direkte Beziehung) Wir-Gefühle, d.h. Zusammengehörigkeit. Miteinander auf der Beziehungsebene. Gemeinsam akzeptierte Normen und Werte definierte Rollen, hierbei sind bekannt:

- Führer = ALPHA
- informeller Führer = BETA - auch Stellvertreter
- ein Teammitglied = GAMMA, engagierte Mitarbeit, erfüllen ihre Aufgaben ohne große Auffälligkeiten im Sinne der Gruppe
- Außenseiter, Sündenböcke = OMEGA, werden für alles verantwortlich gemacht, was in der Gruppe schief läuft!

Entstehung eines Teams:

Ein Team (Mannschaft, Arbeitsgemeinschaft) kennzeichnet ein gutes Verhältnis zwischen dem Leiter und seinen Mitarbeitern (Teammitgliedern) gute Zusammenarbeit (Teamwork, Teamspirit) wenn der Einzelne bereit ist, sich und seine Einzelleistung in den Gesamtzusammenhang des Teams zur stellen.

8.3 Teamdefinition:

Ein Team ist eine Gruppe von Menschen, die sich auf ein gemeinsames Ziel verpflichtet haben, effektiv zusammenarbeiten, Freude an der Arbeit haben und hervorragende Leistungen erbringen!"

Gütekriterien für effektives Arbeiten im Team:

- Sozialer Frieden in der Gruppe, unauffälliger Krankenstand, geringe Fluktuation
- Akzeptanz in anderen Abteilungen, Wertschätzung von Kollegen
- Übernahme von Verantwortung mit dem Zusammenführen und Verbinden anderer Teammitgliedern im Sinne von „Linking Skills“
- gute Erfolgsstatistik bei der Realisierung von Projekten
- Aufbau und Erhaltung eines positiven Verhältnisses zu Kunden
- technisch qualifizierte Produkte, gemessen an den verwendeten Technologien, Qualitätskontrollen, Normen und Standards
- Fähigkeit, herausfordernde Arbeiten kreativ und innovativ anzugehen
- hohe Produktivität, die auch unter krisenhaften Verhältnissen, Termindruck, Störungen von außen die vereinbarten Ergebnisse/Erfolge erbringen.
- Teamentwicklung steht in enger Beziehung zur Unternehmens- und Führungskultur.

8.4 Welche Merkmale / Eigenschaften kennzeichnen ein effektiv arbeitendes Team?

Leistung:
Der Prüfstand eines jeden Teams ist seine Leistungsfähigkeit. Ein Team ist imstande, Leistungen zu erzielen, welche die Mitglieder für sich allein niemals bewirken würden.
Ihre persönlichen Stärken vereinen sich im Team und kreieren ein Produkt, eine Dienstleistung, die mehr als die Summe der Einzelbegabungen darstellt.

Ziel:
Jedes Team braucht ein attraktives Ziel (Unternehmensziel – strategisches und operatives Ziel) das die Mitglieder kennen, mit dem sie einverstanden sind und das Ihnen erstrebenswert erscheint. Dieses Ziel eines Teams bezeichnen wir als seinen „Auftrag“. Daneben gibt es persönliche Ziele, die zu erreichen das Team und jedes Mitglied ein besonderes Interesse haben. Das persönliche Motiv und das Unternehmensziel stehen in direkter Beziehung. Diese Kooperation erzeugt eine hervorragende Leistung.

Dynamik:
Die Mitglieder eines Teams spornen sich gegenseitig an. In der Gemeinsamkeit fühlen sie sich wohler, sie merken, dass die gemeinsame Arbeit ihre Kraft und ihre Freude immer wieder aufs Neue belebt. Zur Beschreibung dieses einzigartigen Energiepotentials einer Gruppe wurde das Wort „Synergie“ geprägt. Man kann es in der mathematisch zwar fragwürdigen aber psychologisch richtigen Gleichung 2+2=5 ausdrücken. Ein Team ist seiner Qualität und seiner Leistungsfähigkeit nach mehr als die Summe seiner Mitglieder. Es hat die Fähigkeit der Synergie, einer kollektiven Dynamik, die gezielt aufbaut und nutzbar gemacht werden kann.

Struktur:
Ein hoch entwickeltes Team hat die kniffligen Herausforderungen wie Zielvereinbarung, Kontrolle, Führungsrolle und Führungsansprüche, Anerkennung und Kritik, Arbeitsstil, Organisation und Rollenverständnis geregelt. Die Struktur des Teams ist genau abgestimmt auf die zu lösende Aufgabe; individuelle Fähigkeiten und Teilaufgaben werden konstruktiv, sinnvoll koordiniert. Teammitglieder mit Führungsansprüchen haben gelernt, Rücksicht auf andere zu nehmen und Feindseligkeiten, Konkurrenzdenken und Aggressionen aus dem Teamleben zu verbannen. Das Team hat es geschafft, flexibel, einfühlsam, methodisch und zielbewusst zu arbeiten.

Klima:

Jedes Team entwickelt seinen besonderen Geist. Er bewirkt Offenheit zwischen den Teammitgliedern, gegenseitige Freude und Ermunterung. Die Mitglieder identifizieren sich mit ihrem Team; Erfolge werden gefeiert, Misserfolge werden analysiert und mit produktiven Mitteln bearbeitet.

In einem Team herrscht ein Klima, in dem die Mitglieder Verantwortung übernehmen, Vertrauen zueinander fassen, persönliche Schwierigkeiten offen besprechen und bereit sind Risiken einzugehen.

8.5 Die Teamentwicklungsuhr ist eine effektive Methode, die sowohl in der Diagnose als auch in der Teamentwicklungsphase genutzt wird.

- In welcher Phase stehen wir in unserem Team?
- Erörtere Sie in Ihrem Team die einzelnen Phasen (Merkmale) und überprüfen den Erfüllungsgrad.
- Markiere Sie die Textpassagen, an denen Sie noch arbeiten möchten definiere in Ihrem Team eine aktuelle Uhrzeit.
- Bespreche die Entwicklungsfelder mit Ihrem Teamleiter und vereinbaren Sie gemeinsam Folgeaktivitäten, d.h. was, wer, ggf. mit wem, bis wann und welchem Ergebnis? Notizen im Team- Aktivitäten- Speicher (TAS)

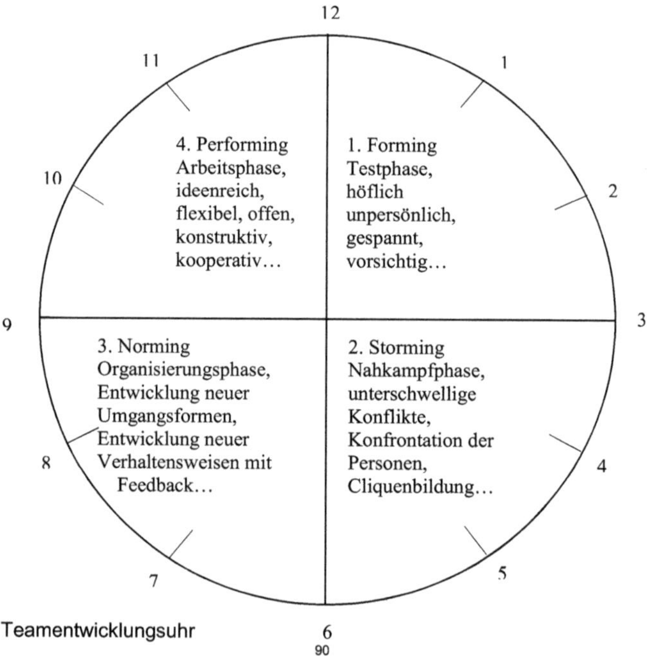

Teamentwicklungsuhr

Die Teamentwicklungsuhr im Einzelnen

Aussagen zur Phase 1 (Forming):
Mäßiger Eifer bei hohen Erwartungen Ängste: Wo ist mein Platz in der Gruppe? Was wird von mir erwartet? Abtasten der Situation und der Zentralfiguren. Abhängigkeit von Autorität und Hierarchie. Bedürfnis, sich in die Gruppe einzugliedern und eine bestimmte Position einzunehmen. Gespannt, vorsichtig, höflich...

Aussagen zur Phase 2 (Storming):
Wahrnehmen einer Diskrepanz zwischen Hoffnung und Realität. Unzufriedenheit aufgrund der eigenen Autoritätsabhängigkeit. Frust: Streit um Ziele, Aufgaben und Aktionspläne. Gefühle von Verwirrung und Inkompetenz. Negative Reaktionen gegenüber Leitern und anderen Teilnehmern. Konkurrenz um Machtpositionen und/oder Aufmerksamkeit. Erleben von Polaritäten: Abhängigkeit/Gegenabhängigkeit. Gefühl der Ausweglosigkeit

Aussagen zur Phase 3 (Norming):
Abnehmen der Unzufriedenheit, Überbrückung der Kluft zwischen Erwartungen und Realität. Entwicklung von Übereinstimmung, Vertrauen, Hilfsbereitschaft und Respekt. Entwicklung von Selbstvertrauen und Zuversicht. Offenerer Umgang miteinander und vermehrtes Feedback. Teilen von Verantwortung und Kontrolle. Gebrauch einer Teamsprache. Harmoniebedürfnis. „Wir – Gefühl" entwickelt sich

Aussagen zur Phase 4 (Performing):
Freude darüber, im Team mitarbeiten zu können. Kooperation und eng ineinander verzahntes Arbeiten. „Gemeinsam- sind- wir- stark" –Erlebnis. Selbstbewusstes Herangehen an die Aufgaben/Arbeiten. Abwechselnde Führung. Stolz auf erfolgreich gelöste Aufgaben. Hohes Leistungsniveau.

8.6 Team Charta – Vereinbarungen zur konstruktiven Zusammenarbeit

Die Team Charta ist dann erfolgreich, wenn alle Ebenen konstruktiv zusammenarbeiten, sich gegenseitig akzeptieren und effektive Werkzeuge (IT) nutzen.
1. Wir erfahren rechtzeitig das Ziel (Klarheit) und finden den optimalen Weg. Die Anforderungen, Aufgaben und Kompetenzen sind definiert. 2. Wir nutzen gemeinsam die verschiedenen Kompetenzen und Präferenzen, arbeiten ergebnisorientiert und übertreffen die Erwartungen unserer Kunden. 3. Wir unterstützen und motivieren uns gegenseitig, handeln flexibel und konstruktiv. 4. Wir nutzen passende Kommunikationsmethoden wie wertsteigernde Fragen stellen, aktives Zuhören anwenden, Feedback geben und empfangen, wir erkennen Leistungen untereinander an. 5. Wir gehen da Kompromisse ein, wo sie weiterhelfen, suchen nach fairen Lösungen im Team, notfalls entscheidet die Führungskraft / der Teamleiter. 6. Wir nehmen uns für den Informationsaustausch genügend Zeit, informieren uns wechselseitig über die Arbeitsergebnisse im Team und über Ereignisse angrenzender Bereiche. 7. Wir führen regelmäßige Teambesprechungen durch, schalten störende Einflüsse aus, lassen uns situationsgerecht vertreten, wenden die Besprechungsregeln an und verfassen ein Protokoll. Wir vereinbaren die Art/Weise der Dokumentation und den Verteilerschlüssel. 8. Wir treffen Teamentscheidungen und stellen uns nach außen als Einheit dar. 9. Wir akzeptierten die Team Charta, sie wird von uns allen eingehalten und bei Bedarf ergänzt (Regeln auf Zeit). Ich akzeptiere die Team Charta:

9.0 Das Team Management System (TMS) nach Margerison-McCann

Merkmale und Eigenschaften für effektiv arbeitende Teams. Wie können Sie verschiedene Rollen in einem Team erfolgreiche machen? Jedes Team hat nach Erkenntnissen von Charles Margerison und Dick McCann unabhängig von seinen fachlichen Aufgaben acht Funktionen zu erfüllen, d.h.

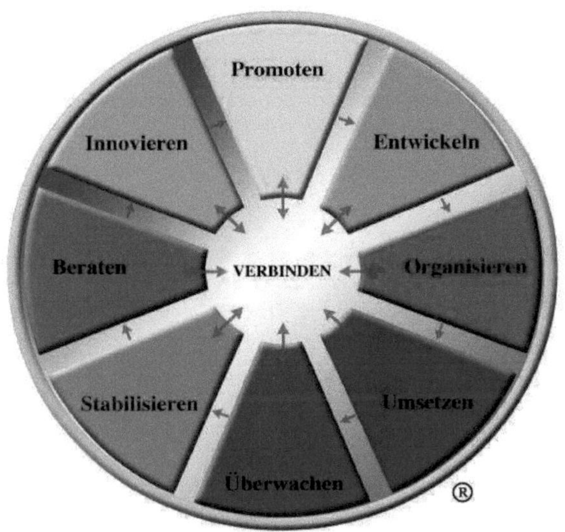

Das Modell der Arbeitsfunktionen von Margerison-McCann (Infos unter www.tms-zentrum.de)

Beraten:	Informationen sammeln, bewerten und vermitteln
Innovieren:	neu Ideen hervorbringen und mit ihnen experimentieren
Promoten:	neue Ansätze und Möglichkeiten erkunden, diese präsentieren und andere überzeugen
Entwickeln:	Die Anwendbarkeit neuer Ansätze auswählen und testen
Organisieren:	Mittel, Wege finden, einführen um die Themen in Bewegung zu bringen
Umsetzen:	Leistungsvorgaben erfüllen, Ergebnisse erzielen, Produkte und Dienstleistungen liefern
Überwachen:	Das Funktionieren von Systemen kontrollieren und Qualität prüfen
Stabilisieren:	Normen /Verfahren sichern, Standards sowie Prozesse unterstützen und Kooperation im Team aufrechterhalten

Zur erfolgreichen Teamarbeit gehört, dass jede dieser Funktionen erfüllt ist und dass alle zusammenwirken und koordiniert werden.

9.1 Das Modell der Arbeitsfunktionen beinhaltet auch einen neunten zentralen Bereich, den wir „Verbinden“ oder „Linking“ nennen. Hier geht es um die Koordination und Integration der Arbeit der einzelnen Teammitglieder.

Mit der verbindenden Funktion ist der Kooperationsprozess geschlossen, Synergieeffekte können entstehen. In Forschungsarbeiten fanden Margerison-McCann heraus, dass ergänzend zu den „Arbeitsanforderungen“, d.h. was Sie als Mitarbeiter im Kompetenzbereich ausführt auch die Neigungen eine besondere Rolle spielen.

9.2 Der Begriff „Arbeitspräferenz“ gibt mir eine Antwort auf folgende Fragen:

Was mich motiviert, Was ich bevorzuge, Was ich gern mache, Woran ich Spaß habe, wo ich mich hingezogen fühle, Was mir leicht von der Hand geht, Wozu ich neige, wo ich aufblühe.

Die Autoren fanden heraus, das Sie bei der Ausübung einer Tätigkeit unterschiedliche Präferenzen haben, d.h.
Im Umgang mit anderen sind Sie eher extrovertiert oder introvertiert.
In der Beschaffung und Nutzung von Informationen sind Sie eher praktisch oder kreativ.
In der Art und Weise Entscheidungen zu finden sind Sie eher analytisch oder begründet auf Überzeugungen.
In der Art wie Sie sich organisieren sind Sie eher strukturiert oder flexibel.

Im Fragebogen wählen Sie die Verhaltensweise aus, die Ihren persönlichen Vorlieben bei der Arbeit im Normalfall am meisten entsprechen - unabhängig davon, welche Verhaltensweise in der jetzigen Stellung von Ihnen verlangt wird. Aus diesen Erkenntnissen wurde das Team Management Rad ® entwickelt.

Die Arbeitspräferenzen sind wie folgt auf dem Modell der Arbeitsfunktionen abgebildet:

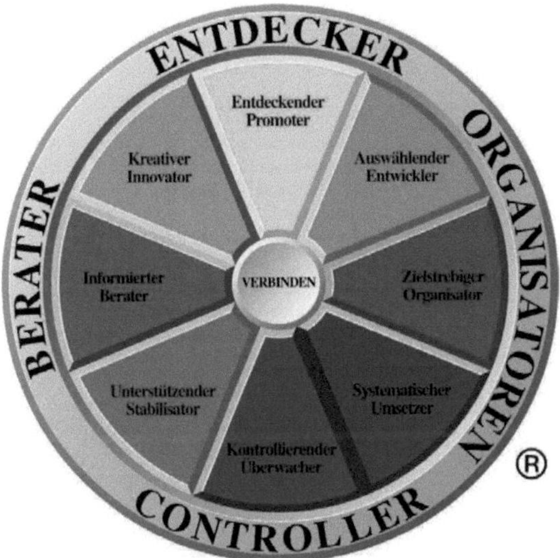

Abdruck mit freundlicher Genehmigung von TMSDI Ltd. York

Wenn Sie den Team Management Profil Fragebogen (TMPF) ausfüllen, wird Ihre Teamrolle bestimmt und die TMPF Ergebnisse auf das Rad übertragen: Das Team Management Rad von Margerison-McCann ist ein geschütztes Warenzeichen. Abdruck mit freundlicher Genehmigung von TMSDI Ltd. York
Die Teamrollen zeigen dann Ihre bevorzugten Verhaltensweisen an. Sie sagen noch nichts aus über Ihre tatsächlichen Fähigkeiten. Wenn Sie sich mit bevorzugten Tätigkeiten beschäftigen, werden Leistung und Zufriedenheit eher hoch sein und das Belastungsgefühl eher gering sein.

Sie kennen sicher Personen die viel und lange arbeiten und sich dabei erstaunlich frisch und vital verhalten. Wichtig für Sie ist, die Erkenntnisse von Arbeitspräferenzen in die Tagesarbeit zu integrieren. Hierbei helfen Ihnen die Teamrollen und typische Verhaltensweisen.

Mit dem Kurzscheck können Sie sich einen ersten Überblick über Ihre Präferenzen verschaffen. Zur Vertiefung der Ergebnisse und Reflexion der Ergebnisse empfehle ich Ihnen mit einem TMS – akkreditierten Berater zu sprechen.

9.4 Erste Selbsteinschätzung der eigenen Arbeitspräferenzen: Wo zieht es Sie bei der Arbeit hin? Was bevorzugen Sie? Was machen Sie bei der Arbeit besonders gerne?

Lesen Sie die folgenden Merkmale und Verhaltensweisen und ordnen Sie Ihre Hauptrolle und die verwandten Rollen den nebenstehenden Farben zu. Wo zieht es Sie hin? Was bevorzugen Sie? Was machen Sie besonders gern?

TMS Farbe	Wesentliche Merkmale	Allgemeine Verhaltensweisen
	Neugier Grundannahme: Wissen ist Macht! mag nicht gehetzt werden Kenntnisreich, Informationsmanager	auf der Suche nach Informationen und Wissen fragt gern: wer braucht welche Information? liebt das Entdecken und Herausfinden, kann gut zuhören, sorgt gern für guten Informationsfluss
	Intuitiv und visionär, vorausblickend – innovativ, mag komplexe Themen, unabhängig – braucht Freiraum	arbeitet gern flexibel und kreativ, sagt gern: da kommt mir eine Idee! will Produkte und Dienstleistungen verbessern, liebt Forschungsarbeit
	energiegeladen – schnell begeistert vielseitig interessiert, schnell gelangweilt bei Routine, Generalist, kundenorientiert	interessieren - überzeugen – verkaufen, schafft gern Kontakte - kennt viele Menschen, entwickelt Ideen gern im Gespräch, geht gern auf andere zu, denkt gern konzeptionell
	analytisch und objektiv, von der Idee zur Verwirklichung, Entwickler von Prototypen, gesellig, aber unabhängig	übernimmt und analysiert gern Ideen, wählt die beste Idee nach klaren Kriterien, sucht gern nach besten Lösungen, experimentiert gern

TMS Farbe	Wesentliche Merkmale	Allgemeine Verhaltensweisen
	aufgabenorientiert – das Ziel stets im Blick, entscheidungsfreudig Ergebnis- und planorientiert, kann ungeduldig werden	organisiert und realisiert gern, sorgt für die Durchführung: was? wer? bis wann? kann bei Widerständen Druck ausüben arbeitet gern Systeme aus plant Maßnahmen
	praktisch veranlagt Erfolg buchstabiert man T-U-N mag Pläne und Strukturen mag keine häufigen Veränderungen, schätzt Effektivität und Effizienz	arbeitet gern zeitbewusst und nach Plan, lässt Aufgaben nicht gern „in der Luft hängen", sorgt für regelmäßige Produktion von Gütern und Dienstleist-ungen, setzt Pläne gern systematisch in die Tat um sagt gern: Resultate zählen! errichtet gern stabile Arbeitssysteme
	Qualitätssicherung ist wichtig. detailorientiert hoher Sinn für Vollständigkeit, genau und korrekt, ruhig und besonnen	mag keine Ungenauigkeiten – prüft gern Daten, findet und behebt Fehler im System, arbeitet gern allein prüft Standards und Verfahren, konzentriert sich gern gründlich auf wenige Aufgaben zur gleichen Zeit
	loyal, zuverlässig, wertkonservativ integer – zeigt Gefühle, Werte und Unternehmenskultur sind wichtig, starker Sinn für Recht und Unrecht, sinnvolle Arbeit motiviert	schlägt Brücken – ist verbindlich sorgt dafür, dass Infrastruktur stimmt gibt gern Support, damit Erfolg entsteht hält das Team zusammen – sorgt für Harmonie, unterstützt andere schlichtet bei Meinungsverschiedenheiten

Wie sieht Ihre Passung aus? Wie ist der Grad der Übereinstimmung von Arbeitsanforderungen (was Sie tun) und Ihrer Arbeitspräferenz (was besonders gern tun) aus? Ideal ist eine Überlappung von ca. 70 % Warum? 70 % der Arbeitsanforderungen bearbeiten Sie gern. Es gibt noch 30 % an offenen Themen / Herausforderungen und Aufgaben zum Lernen.

Wo Präferenz und die Anforderungen der Arbeit gut zusammenpassen erbringen Sie gute Leistungen in Ihrer Rolle. Sie sind bei Ihrer Arbeit motiviert und entwickeln Ihre Kompetenzen weiter. Von der Präferenz zur Kompetenz: BPK– Regel.

Wir bevorzugen bestimmte Arbeitsweisen. Wir praktizieren diese mehr, weil wir sie mögen. Kompetenz wird hier schneller und leichter erworben.

Überblick zu den drei Rädern

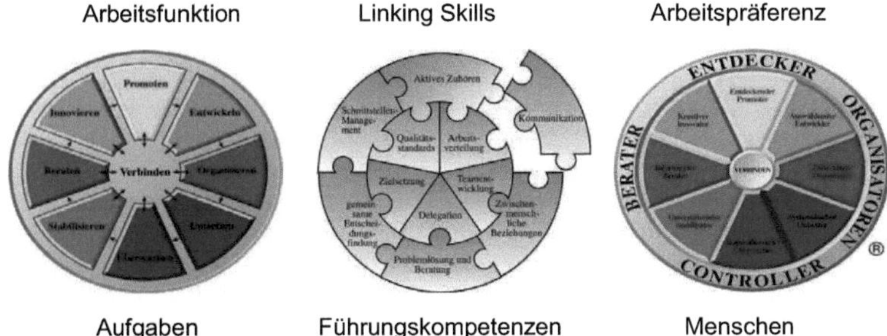

9.5 Mögliche TMS – Anwendungsbereiche

- Ergänzendes Tool, z.B. Einschätzungsverfahren (AC) Arbeitspräferenzen bestimmen
- Potenzialanalyse zum Erkennen der Einstellung und Motivation im Arbeitsbereich
- Beratung und Entwicklung von Führungskräften aller Ebenen
- Management Development (Nachwuchsführungskräfte)
- Zusammenstellung von effektiven Arbeitsgruppen, von Projektteams
- Einsatz im Leitungsbereich von Klein- und Mittelständigen Unternehmen (KMU)
- Nachfolgeplanung und Existenzgründungsberatung
- Präferenzorientierte Qualifizierung in Weiterbildung und Training
- Training am Arbeitsplatz (TRAP) und Coaching
- Zusammensetzung eines Expeditionsteam – Steuerung während der Expedition

10.0 Information - Kommunikation - Besprechungsmanagement

- Der Erfolg einer Besprechung ist abhängig von der Betrachtungsweise der Besprechung. Insbesondere, wenn sie als Führungsinstrument gesehen werden, steigern sie die Wertschöpfung im Unternehmen.
- Durch das direkt „Miteinander-Reden der Teilnehmer“ wird ermöglicht, dass:
- Informationen unmittelbar und klar mehreren Menschen gleichzeitig vermittelt werden können, der Austausch über relevante Themen im Team erfolgen kann
- die Vertiefung der Inhalte mit Brainstorming-Phasen durchgeführt werden kann das unterschiedliche Fach- und Methodenwissen der Teilnehmer sich gegenseitig ergänzen kann, Entscheidungen effizient entwickelt und kontrolliert werden können,
- Ideen von Teilnehmern für die konkrete Tagespraxis genutzt werden können, die Gruppe, das Team, der Bereich und das Unternehmen sich weiterentwickeln kann...
- Interne Kundenzufriedenheit heißt auch einen effektiven Informationsfluss und kooperativen Erfahrungsaustausch (ERFA) in der Arbeitsgruppe, im Team herzustellen.

10.1 Zur Bilanz und Diagnose können uns folgende Leitfragen unterstützen:

- Wie zufrieden bin ich als Führungskraft mit dem Informationsfluss / ERFA im Team?
  0% 20% 40% 60% 80% 100%
- Wie würden meine Mitarbeiter hier antworten?
- Was klappt gut, welche Methoden, Verhaltensweisen sind förderlich?
- Welche Themen könnten wir weiter verbessern?
- Wie könnten wir unsere Besprechungen optimieren?

- Welche Struktur (Planung, Durchführung, Auswertung und Umsetzung) von effektiven Teambesprechungen könnten wir zukünftig ausprobieren und gezielt nutzen?
- Nach der Diagnose wird ein Konzept erstellt. Der Erfolg von Veränderungen steigt, wenn Führungskräfte und Mitarbeiter gemeinsam den Prozess unterstützen. Eine zielgerichtete Moderation vorab sichert die Kooperationsbeziehung und ermöglicht eine faire Vereinbarung zur Optimierung zukünftiger Besprechungen. Hierzu folgender Ideenentwurf (Checkliste).

10.2 Besprechungen effektiv planen/durchführen - Checkliste zur Moderation vorab:

Motive: „Warum führen wir unsere Besprechung/en durch?“

„Warum lohnt es sich an der Besprechung teilzunehmen?

Nutzen: „Welche Personen (FK/MA) haben davon welchen Nutzen?“

„Welcher Nutzen entsteht für andere oder für den Prozess?“

Ziel: „Welche Ziele verfolgen wir mit der Besprechung?“ „Was sind Teilziele?“

Themenbeschreibung: „Welche Themen/Inhalte könnten wir erörtern?“ „Was genau interessiert uns besonders?“

Bewertung: „Welche Bedeutung (Priorität) hat welches Thema?“

„Welche Themen sind für unsere Besprechung die Wichtigsten?

AGENDA: „Welche Agenda unterstützt eine effektive Besprechung?“

siehe hierzu den Besprechungsplan auf der Folgeseite!

Die Agenda soll den Teilnehmern im Vorfeld signalisieren:

- wer in der Besprechung für die Moderation und wer für die Dokumentation (z.B. per Laptop vor Ort – oder Fotokoll) verantwortlich ist,
- wann (Datum) und wie lange (Anfang> Ende) die Besprechung geplant wurde,
- welche Themen geplant worden sind, (d.h. in der Zwischenzeit beim Moderator fixiert sind)
- welche Möglichkeit besteht, weitere relevante Themen zu präsentieren, wie viel Zeit pro Thema investiert werden soll...Jeder Besprechungsteilnehmer kann seine Themenwünsche formulieren und dem Moderator der kommenden Besprechung zuleiten. Die präzise Vorbereitung/Ausarbeitung des Themas ist Basis für die effektive Bearbeitung in der Besprechung!

10.3 Gliederung für die AGENDA

Lfd. Nr.	Thema: Ziel:	verantwortlicher Mitarbeiter	Methoden, Mittel	Planzeit von > bis
1.0	Kundenbindung, gleiches Verständnis	Hugo mit Sven	Zuruf, Notizen auf Flip Chart Papier	09:30 > 10:15 Uhr

Methoden: „Welche Methoden wollen wir anwenden?“ z.B. Präsentation, Moderation, Diskussion, Entscheidung..)

Leitung: „Wer leitet oder moderiert die Besprechung?“ „Welche Rolle und welche Befugnisse könnte der Besprechungsleiter haben?“ passende Themeneinführung, einen „Zeitnehmer/Zeitwächter“ definieren, Präsentation der Agenda, sammeln und gewichten weiterer Themen, für den angemessenen Methoden, Mittel- und Medieneinsatz sorgen, situationsgerechte Visualisierung der Beiträge, für die Einhaltung der Besprechungs-Regeln sorgen, Ergebnisse notieren, visualisieren und strukturieren, Teilnehmer zur Mitwirkung einladen und animieren, für eine gute, teamförderliche Atmosphäre sorgen etc.

Regeln: „Welche Besprechungsregeln sind für uns hilfreich?“ Hierzu folgende Ideen und Empfehlungen: Fairness praktizieren, andere Teilnehmer wertschätzen, Fragen stellen, ausreden lassen und aktives Zuhören anwenden, vertrauliche Informationen bleiben im Raum, Zeiten und Regeln einhalten (Autorität des Zeitwächters akzeptieren), alle sind für die Zielerreichung unserer Besprechung mitverantwortlich...

Dokumentation/Ergebnissicherung:

„Welche Ergebnisse wollen wir wie, womit und wo dokumentieren?“

„Welche Zwischenergebnisse werden vom Protokollant gespiegelt?“

Das Besprechungsprotokoll hat die Aufgabe: das in der Besprechung erreichte Ergebnis pro Punkt festzuhalten das Thema zu präzisieren, die Verantwortlichen zu benennen und damit die Verbindlichkeit bei der Umsetzung der Aktivität zu erhöhen die Ergebnisse für nichtanwesende, evtl. verhinderte Mitarbeiter oder Führungskräfte rekapitulier bar zu machen.

Individueller Aktivitätenplan:

„Wie könnte der Aktivitätenplan helfen, die Ergebnisse der Besprechung effektiv umzusetzen?“ Der Teil der Transfersicherung besteht aus: der Formulierung von Teilzielen und Handlungen, der schriftlichen Aufzeichnung des Zeitplanes, der Nutzung von Mittel, Medien und Methoden. Gliederung eines Aktivitätenplanes:

Nr.	Thema / Aktivität	verantwortliche Person (wer)	Termin (bis wann)	Resultat (wie sieht das Ergebnis aus)

Tag/Zeit: „Wann und wie lange könnten wir unsere Besprechung durchführen?“

Besprechungsstruktur / AGENDA für eine Teambesprechung

Nr.	Thema / Titel	Zeit
1.0	Begrüßung, Befinden, Einstimmung, Wünsche an die Besprechung	15
1.1	Themen ergänzen, Strukturen präsentieren (Zeitwächter, Moderator, Protokollführer usw.)	5
2.0 2.1 2.2	◆ Rückschau: Was war in der vergangenen Woche / Monat) Fürs Team relevante Informationen/Kommentare präsentieren (pro TN 3 Min.) Welche Auswirkungen haben die Informationen/Ereignisse auf die Folge-woche? Bedarfsgerechte Notizen im Team – Aktivitäten – Speicher (TAS) ◆Vorschau: Was ist in der Folgewoche geplant, z.B. Aktionen, Herausforderungen, An- /Abwesenheit, Urlaub usw.	30 10 15

3.0	Information des Teamleiters, z. B. Unternehmensentwicklung, Zahlen, Daten, Fakten, übergreifende Themen usw.	10
4.0 4.1	Zentrales Thema bearbeiten mit der Gliederung: Titel, Ziel, Person, Zeitrahmen, Dokumentation usw. Ergebnisse im TAS notieren, Vereinbarungen treffen	40 10
5.0	Ausblick auf Folgebesprechungen, Zusammenfassung aus Sicht der Teamleitung	10
6.0	Feedback aller Teilnehmer, z.B. reihum oder per Zuruf mit der Frage: Wie war es heute hier für mich? a) Was war gelungen, hat mir gut gefallen und was könnten wir in zukünftigen Besprechungen weiter verbessern?	10
	Gesamtzeit:	155

Brainstorming in einer moderierten Besprechung. Erfolgreiche Anwendung der bekanntesten Kreativitätstechnik.

Dauer: Solange der Ideenfluss anhält oder nach der Vorstellung des Themas, Analyse, Definition der Herausforderungen < 40 Min.

Arbeitsgruppe: Am besten zwischen 5 und 7 Personen, gemischt aus unterschiedlichen Fachbereichen, mit Experten und Laien...

Moderator ist für die interne Organisation verantwortlich, z.B. Zeitplanung und für eine effektive Vorbereitung mit gezielter Fragenfolge, sammelt per Zuruf und vereinbart folgende Verhaltensregeln, z.B. mit der Frage:

Damit wir effektiv zusammenarbeiten können, vereinbaren und akzeptieren wir folgende Verhaltensregeln...1. 2. 3. 4. 5.

oder präsentiert klare Kommunikationsregeln, z.B. jeder Gedanke ist wertvoll und wird notiert (Originalton), der Phantasie sind keine Grenzen gesetzt, die Ideen anderer Teilnehmer können aufgegriffen und weiter entwickelt werden, sie dienen im kreativen Prozess als „Spielmaterial" für Veränderungen, Ergänzungen und neue Anregungen.

Auch außergewöhnliche Beiträge werden notiert und in einer späteren Phase bewertet und weiterentwickelt, möglichst viele Ideen in kurzer Zeit produzieren, in dieser Phase sind alle Teilnehmer gleich.

Unterschiede in Hierarchie oder anderen Privilegien sind geltungslos. Wenn der Ideenfluss nachlässt, vereinbaren die Mitglieder das Ende der Brainstormingphase - formuliert Fragen, z.B.

„Welche Ideen zur Verbesserung unseres Informationsflusses haben wir?"

fixiert die Pinwandkarten an der Pinwand (PW), steuert den Prozess, notiert Antworten, sortiert Ideen, visualisiert die Kommentare der Teilnehmer, z.B. auf einem Flipchart, sorgt für eine Bewertung der Beiträge (Themen, Cluster), dies kann per Zuruf oder mit einer „Mehrpunktantwort" hergestellt werden,

„Welches Thema hat für uns die höchste Bedeutung?"

animiert zurückhaltende- und bremst dominierende Teilnehmer,
stimuliert, falls nötig, den Ideenfluss, wertschätzen Leistungen der TN,
achtet darauf, dass die Teilnehmer beim Thema bleiben,
greift ein, wenn die Brainstorming-Regeln verletzt werden,
sortiert und protokolliert die vereinbarten Ergebnisse

Protokoll fixiert der Moderator, für alle sichtbar und überprüfbar,
oder eine neutrale Person oder ein aktiver Teilnehmer,

Nr.	Thema (Was)	Verantwortung (wer /mit wem)	Bis wann?	Wie sieht das Ergebnis aus?
1.	Besprechungskonzept ausprobieren	Paul + Team	28.03.	Methoden sind ausprobiert, ausgewertet und optimiert.

der Protokollführer hält relevante Beiträge fest, z.B. visuell (Foto) oder auditiv ohne zu werten,
Auswertung: Nur eine kleine Expertengruppe oder der Fragensteller streicht unrealistische Vorschläge, greift ungewöhnliche Ideen auf, malt diese weiter aus, ordnet die Beiträge zum Cluster oder zu Kategorien und bewertet diese.

11.0 Konstruktive Unternehmenskultur entwickeln - Diagnose von Kultur und Klima mit Human Synergistics (HS)

Zur Einstimmung: Stellen Sie sich vor...ihre Mitarbeiter betreten früh morgens heiter und positiv gestimmt das Unternehmen. Ihre Mitarbeiter arbeiten engagiert an aktuellen Prioritäten und integrieren die Ergebnisse in die strategische Unternehmensausrichtung. Sie stimmen Schlüsselprojekte untereinander ab, tauschen sich mit Kollegen/innen und mit zufriedenen Kunden aus, suchen gemeinsam nach praktikablen Lösungen zur Zielerreichung. Auch in herausfordernden Situationen behalten sie einen kühlen Kopf, vertreten sich untereinander bedarfsgerecht, wertschätzen und anerkennen Leistungen anderer in ihrem Team. Diese Verhaltensweisen und Methoden von ergebnisorientiertem Arbeiten praktizieren „exzellente Unternehmen" tagtäglich. Verantwortlich sind u.a. wunderbare Führungskräfte und leistungsorientierte Mitarbeiter. Die Einstellungen und Verhaltensweisen der Mitarbeiter prägen die Unternehmenskultur und sind Auslöser für ein harmonisches Klima.

Die Realität in Wirtschaftsunternehmen stellt sich häufig anders dar. Nach Untersuchung des Forschungsinstituts Gallup sind 88 Prozent der deutschen Beschäftigten nicht emotional an ihre Arbeit gebunden. Gerade einmal 12 Prozent sind hoch engagiert. Mit dem Engagement-Index wird in der Gallup - Studie (2007) deutlich, dass 20 Prozent der Beschäftigten schon innerlich gekündigt haben und 68 Prozent ihren Dienst nach Vorschrift leisten.

Veränderungs- oder Optimierungsprozesse sind Basis für eine dynamische Unternehmensentwicklung. Eine Vielzahl, eher technisch orientierter Systeme und Regelungen, versuchen in Organisationen Prozesse und Strukturen zu verändern. Trotzdem scheitern mehr als die Hälfte aller Veränderungsprojekte. Häufig wird die systemische Betrachtung, die Wechselwirkung sozialer Systeme unterschätzt.

Die Voraussetzung von nachhaltigen Veränderungen und somit Wachstum und Erfolg ist die Selbsterkenntnis der Person, des Teams, der Gesamtorganisation. Wo stehen Sie und wo wollen Sie hin?

Warum Messen?

Wenn kritische Verhaltensweisen nicht präzise analysiert werden, ist es unwahrscheinlich diese ändern zu können. Hier ist Human Synergistics einzigartig. Vage Mutmaßungen über Personen, Teams und Organisationen werden konkret: Wir messen Verhalten. Wir kennen den Schlüssel zum Erfolg. Unsere Ergebnisse dienen als gemeinsame Sprache, um tabuisierte Inhalte zum Gesprächsthema zu machen.

Wir helfen Ihnen, ihr Leben und Wirken bewusster und erfolgsorientierter zu gestalten. Unser Ziel heißt wirtschaftlichen Erfolg sicher zu stellen. Wir wünschen uns positive Führungskräfte, Teams in denen die zwischenmenschlichen Beziehungen stimmen und Organisationen, die ihre Mitarbeiter zufrieden stellen.

Forschung ist eine der zentralen Säulen von Human Synergistics. An zwei Standorten schaffen und verbessern Psychologen unsere Instrumente, untersuchen Sie im unternehmerischen Kontext, vergleichen Sie mit Ideen aus der wissenschaftlichen Forschung oder reagieren auf aktuelle Trends in der Wirtschaft. Unsere Forschungsdatenbank beinhaltet über eine Million Datensätze von über 12000 Organisationen. Können sich Menschen ändern? Ja! Wir sehen, dass sich bei Testwiederholung zu einem späteren Zeitpunkt laut Meinung von Kollegen 75% der Manager positiv gegenüber der Ausgangssituation entwickelt haben.

- **Integriertes Entwicklungssystem mit HS**. Das Integrierte Entwicklungssystem von Human Synergistics ist ein mehrstufiges System zur Organisations- und Personalentwicklung.

  Das Ziel ist Wandel auf alle drei Ebenen, Personen, Teams und Organisation anzustoßen. Das Kreisprofil ist anschaulich und sehr detailliert und bildet die Basis unseres integrierten Systems. Es dient als gemeinsame Sprache bei jeder Veränderung.

■ Kreisprofil

Das Kreisprofil von Human Synergistics ist ein einzigartiges Modell zur Visualisierung von Verhaltensstilen. Es ähnelt einem Zifferblatt und besteht aus insgesamt zwölf Stilen, die wiederum in drei Segmente zusammengefasst werden:

Konstruktive (blaue) Stile

Passiv/defensive (grüne) Stile

Aggressiv/defensive (rote) Stile Je ähnlicher Verhaltensweisen sind, umso näher befinden Sie sich im Kreisprofil nebeneinander.

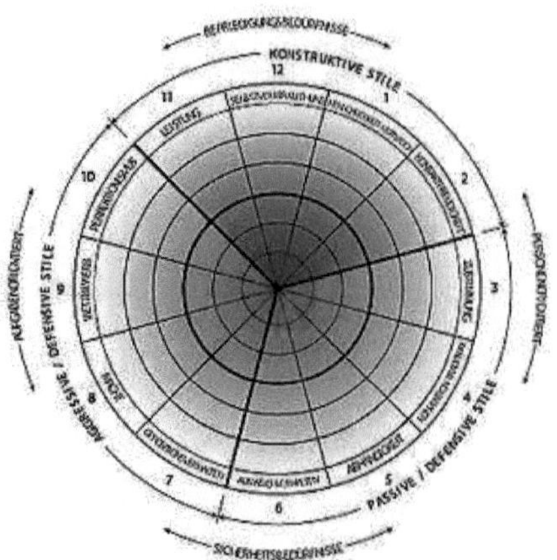

Das Modell, sowie die Arbeiten von J.Clayton Lafferty und Robert A. Cooke allgemein, fassen die Ergebnisse weit reichender Studien über Denk- und Verhaltensweisen von Menschen zusammen. Besonders hervorzuheben im Modell ist die von ihnen vorgenommene Differenzierung zwischen aufgabenorientierten und personenorientierten Denk- und Verhaltensstilen. Außerdem untersuchten Sie im Detail wie das Streben nach Erfüllen von Bedürfnissen das Verhalten von Menschen beeinflusst.

■ Die Verhaltensstile im Einzelnen

■ Konstruktive Stile (11 bis 2 Uhr) sind im Unternehmen sichtbar, spürbar, in denen eine gesunde Balance von Personen und Aufgabenorientierung vorherrscht. Die nach A. Maslows Bedürfnispyramide höhergestellten Bedürfnisse nach Selbstverwirklichung werden befriedigt. Es dominieren Stile, die darauf ausgerichtet sind, die Ziele in der Organisation durch Weiterentwicklung des Einzelnen zu erreichen. Konstruktive Stile führen zu Synergien und erklären, warum bestimmte Individuen, Teams oder Organisationen besonders stark sind, wachsen und herausragende Qualität abliefern.

■ Passiv/defensive Stile (3 bis 6 Uhr) zeigen eine übermäßig starke Ausrichtung auf Menschen (im Gegensatz zu Aufgaben). Sie sind das Ergebnis einer ausgeprägten individuellen Unsicherheit und verstärken diese sogar noch. Diese Stile charakterisieren Personen, die sich dem Unternehmen unterordnen. Mitarbeiter setzen sich dabei jedoch extrem unter Druck, bauen „Dysstress" auf, gleichzeitig stagniert das Unternehmen. Passiv/defensive Stile bauen eine berechenbare und sichere Umgebung auf, die auf Kosten der Weiterentwicklung und Anpassung der Organisation an die Realität geht. Das Überleben des Unternehmens ist gefährdet.

■ Aggressiv/defensive Stile (7 bis 10 Uhr) Stellen Aufgaben über Menschen – getrieben von tief liegenden Unsicherheiten. Personen sind ihre eigenen Bedürfnisse wichtiger als die ihrer Umgebung. Gelegentlich sind diese Stile vorübergehend erfolgreich. Aggressiv/defensive Stile für zu „Dysstress", Entscheidungen basieren eher auf autoritären Gesten, auf Status als auf Expertise. Darüber hinaus entstehen eher Konflikte als Kooperation. Vertiefende Informationen unter http://www.humansynergistics.de.com/site/

Struktur eines Entwicklungsprojektes bis zur Definition von effektiven Maßnahmen:

1. Präsentation eines wissenschaftlich fundierten Ansatzes für alle Ebenen und für echten Wandel. Wer: Ein Vertreter von Human Synergistics Deutschland (HSD) mit Lindig und Partner, Zielgruppe: Geschäftsführung und oberen Führungskräften Ihres Unternehmens.

2. Zieldefinition mit Beschreibung von Meilensteinen im Optimierungsprozess.

3. Angebotserstellung zur Diagnose mit durch HSD (Tools u.a. OCI/OEI) und Prozessberatung /Coaching mit Lindig und Partner,

4. Projektbeschreibung, Rollen und Aufgaben im Optimierungsprozess vereinbaren.

5. Durchführung der wissenschaftlichen Diagnose, Auswertung, Debriefing, Präsentation der Ergebnisse, Transfer.

6. Gemeinsames Verständnis aller Beteiligten von Führung – Kooperation und einer konstruktiver Kultur, d.h. der Verhaltensstile der oberen blauen Bereiche 11-12-1-2 Uhr Stile und dem langfristigen, wirtschaftlichen Ergebnis.

7. Definition von hilfreichen Maßnahmen zur weiteren Verbesserung einer konstruktiven Unternehmenskultur in Ihrem Unternehmen.

8. Profunde, wissenschaftliche Diagnose mit Human Synergistics Deutschland

9. Einen Auftraggeber, der von der Idee, der Vision überzeugt ist und diese mit Begeisterung präsentiert

10. Positiv überzeugte Fach- und Führungskräfte, die bereit sind, den Entwicklungsprozess verantwortlich zu gestalten (auf Basis eins Projektplanes)

11. Ideenreiches Projektmarketing, ansprechende Präsentation über alle Sinneskanäle

12. Schnelle, spürbare Ergebnisse und Erfolge „Quick – Hits"

13. Meilensteine feiern, Leistungsträger anerkennen und würdigen

14. Die Spannung im Optimierungsprojekt aufrechterhalten (Dramaturgie) und die Erwartungen der Mitarbeiter, Stakeholder und Kunden übertreffen

15. Transferschleifen sichern, Ergebnisse messen (Klima und Kultur),
16. Abweichungen korrigieren, bedarfsgerecht dokumentieren (visuell, auditiv)
17. Projektauswertung, durch Wiederholungstest von HS – Deutschland, die Nachhaltigkeit im Auge behalten, Begeisterung ausdrücken.

12.0 Natursportarten Nordic Walking (NW) und Skilanglauf

12.1 Geschichte und Entwicklung zum Nordic Walking

Lauf- und Sprungtraining mit Stöcken ist seit vielen Jahren Grundlagentraining von Leistungs-sportlern. Der Skigang, d.h. die Bewegungsart mit Stöcken bergauf gehört ebenfalls zum Standardtraining von Skilanglaufsportlern. Seit Mitte der achtziger Jahre gehören Teleskopstöcke, d.h. leichte Aluminiumstöcke mit variabler Höhenverstellung zur Auf- und Abstiegshilfe von Bergwandern und Bergsteigern. Die positiven Merkmale und Eigenschaften im Ausdauertraining (Reize) und das psychische Wohlbefinden beim Gehen mit Stöcken wurden einer Studie aus dem Jahre 1992 beschrieben. Die Aufnahme des Berglaufs mit Stöcken wurde im Skilehrplan des DVS beschrieben Thema: „Fit durchs ganze Jahr". Mit der Vorstellung des Breitenkonzepts „Nordic Walking" durch die Stockindustrie wurde 1997 die Erfolgsgeschichte eingeleitet und heute besonders durch innovative Stöcke von LEKI weiterentwickelt. Der Deutsche Skiverband (DSV) nahm NW im Jahre 2001 in die Aus- und Fortbildung auf. Seit 2003 werden in den Regionen (DSV – Nordic Aktiv Zentren) vielschichtige Aus- und Fortbildungsseminare zum NW angeboten.

Zielgruppen
Vor allem Sport- Neu- und Wiedereinsteiger. Fach- und Führungskräfte, die eine stimmige Balance zwischen dem Geist und dem Körper anstreben. Viele Nicht – Vereinsmitglieder. Gesundheitssportler. 85 – 90 % Frauenanteil. Großteil zwischen 35 und 55 Jahre.

Motivation
Fitnessorientiertes Gesundheitstraining. Was ist Fitness? Fitness hat, wer anpassungsfähig ist und anpassungsfähig bleibt. Wer sich immer wieder entsprechend beansprucht und sich mit den Folgen (Auswirkungen) von Beanspruchung auseinandersetzt. Laut Hans Eberspächer „Gut sein, wenn es drauf ankommt" sind dosierte Beanspruchung und sinnvolles Training die Basis für die individuelle Gesundheit. Gezielte Bewegungen wie Nordic Walking oder Ski Langlauf haben zum Beispiel einen positiven Einfluss auf das Gewichtsmanagement sowie Rücken- und Ganzkörpertraining. Als Outdoortraining (Natursport) fördern sie Bewegung, Spaß und vielschichtige soziale Aspekte.

Gesundheitsaspekte

Herz- Kreislauf- System Verbesserung der aeroben Ausdauer. Verbesserung der Blutviskosität (Fließfähigkeit und Elastizität). Ökonomisierung der Herzarbeit. Blutdruckregulierung. Durchblutungsförderung der Extremitäten.

Atmung

Intensivierung der Atmung (tiefer, intensiver, schneller). Verbesserte Reinigung der Lunge. Verbesserte Sauerstoffversorgung des Organismus. Training der Atemmuskulatur

Gewichtsmanagement

Deutlich höherer Kalorienverbrauch im Vergleich zu Walking (ca. 20 – 35 % mehr)
Parameter: - gleiches Gehtempo und – stimmige NW Technik (Fitness)

Muskulatur / Wirbelsäule

Training der Arm- und Schultermuskulatur. Training der Rumpfmuskulatur. Training der Gesäß- und Beinmuskulatur. Entspannung der Schulter- Nacken – Muskulatur. Stabilisierung der Wirbelsäule

Stoffwechsel

Aktivierung der Stoffwechselprozesse. Senkung erhöhter Blutfettwerte. Senkung erhöhter Blutzuckerwerte.

Psyche

Steigerung des körperlichen Wohlbefindens. Stimmungsaufhellung (natürliche Lichttherapie).
Spaß durch subjektiv als niedrig empfundene Belastung. Freude beim gemeinsamen Gehen (Gruppendynamik). Neugierde und Entspannung beim Naturerleben. Schnelle Erfolgserlebnisse durch relativ leichte Technik. Positive Auswirkung auf das Immunsystem

Gemeinsam aktiv sein

„Von neun bis neunzig Jahren". Vom Einsteiger bis zum Spitzensportler. Optimal für heterogene Gruppen, d.h. die Belastungssteuerung erfolgt nicht über das Tempo, sondern über den
Bewegungsumfang und die Intensität des Stockeinsatzes. Dadurch ist für gleiches Tempo für unterschiedlich belastbare Teilnehmer möglich! Teilnehmer mit gesundheitlichen Herausforderungen können in die Gruppe integriert werden (ärztliche Zustimmung erforderlich!)

Nordic Walking Technik (Einführung)

NW ähnelt der klassischen Skilanglauftechnik. NW ähnelt der natürlichen Gehbewegung mit Schwingen der Arme. Die Kreuzkoordination des Gehens wird mit dem Einsatz der Stöcke verbunden. Beim Zurückschwingen des Arms wird Druck auf die Schlaufe bzw. den Stock ausgeübt. NW wird dann besonders effektiv, wenn Bein- und Armbewegung einen möglichst großen Bewegungsumfang aufweisen. Die Belastungssteuerung erfolgt durch die Intensität der Arm- und Stockarbeit, weniger durch das Gehtempo, denn:
„Bewegungsumfang und Intensität sind wichtiger als Frequenz und Geschwindigkeit".

NW Technik (Verlaufsbeschreibung und Methodik)

Von unten in die Stockschlaufen greifen. Normales Gehen (Kreuzkoordination), die Hände sind locker geöffnet, die Stöcke schleifen neben dem Körper, Arme schwingen rhythmisch wechselweise eng am Körper.

Mit langsamem Gehen (leichter Körpervorlage) beginnen, dabei Schritt und Armschwung verlängern. Aufrechte Körperposition, Hüfte nach vorne bringen.
Beim Nachhinten- Schwingen der Arme Druck auf den Stock bringen (über die Schlaufe, Hände bleiben geöffnet). Arme werden nah am Körper geführt, Armbewegung erfolgt aus dem Schultergelenk! Hände werden tief gehalten.
Aktives Gehen, d.h. nach dem Aufsetzen der Ferse möglichst schnell und aktiv den Körperschwerpunkt (KSP) über den Mittelfuß bringen, dann über Vorfuß (Großzehe) abrollen. Hierbei ist wichtig, dass Sie einen großen Bewegungsumfang anstreben, geringes Tempo. Harmonische, runde und weiche Bewegungen sind besondere Merkmale des NW.
Die SOFT – Technik ist die Einsteigertechnik mit geringem Bewegungsumfang.
Die FITNESS – Technik ist die Zieltechnik mit großem Bewegungsumfang und intensiver Arm – Stockarbeit. Mit dieser Technik werden die oben beschriebenen gesundheitsrelevanten Faktoren besonders gut erreicht wie: Hoher Kalorienverbrauch, Muskelkräftigung, Stabilisierung der Wirbelsäule und Stoffwechseltraining.
Die SPORT – Technik ist eine intensive Ganzkörperbewegung mit hoher Intensität, großem Bewegungsumfang und vielschichtigen, komplexen Bewegungsabläufen.

12.2 Natursportart: Skilanglauf - Geschichte und Entwicklung

Schneeschuhe und später auch Ski wurden wahrscheinlich zuerst in Innerasien verwendet. Über Russland wurde der Ski nach Skandinavien eingeführt. Die älteste, auf rund 5000 Jahre geschätzte Darstellung wurde 1972 auf der norwegischen Insel Rödög gefunden. Sie zeigt einen Jäger in Hasenmaske auf sehr langen, vorne weit gebogenen Ski. In Skandinavien finden sich die wichtigsten Nachweise für Alter, technische Entwicklung und Gebrauch des Ski. Geschichtliche Ereignisse verleihen dem Ski sogar fast politische Bedeutung. 1206 wird ein zweijähriger norwegischer Königssohn, der spätere König Haakon, durch zwei königstreue Skiläufer aus der Gefangenschaft befreit.
1522 floh der gegen die Dänenherrschaft rebellierende schwedische Adlige Gustav Wasa von Mora zur norwegischen Grenze. Zwei Bauern folgenden ihm auf Ski, bis sie ihn knapp 90 km vor der Grenze erreichten. Wasa kehrte zurück, befreite Schweden und wurde erster König seines Landes. Als König hatte er in seinem Heer dann eine eigene Einheit von Skilangläufern. Das bedeutendste Skilanglaufrennen mit über 16.000 Teilnehmern „Vasaloppet“ über 90 km findet alljährlich in Schweden statt.

Vorzüge des Langlaufs
Skilanglauf (SLL) ist ein „Life time“ Sport mit fast unbegrenzter Altersspanne. SLL ist Freizeitsport in der Natur. Wie beim Nordic Walking treffen auch hier allen positiven Reize und Auswirkungen zu. SLL ist ein Ausdauersport mit dynamischer Beanspruchung von etwa 90% der Muskelgruppen des Körpers. SLL wirkt sich besonders günstig auf Herz, Kreislauf, Atmung und Stoffwechsel aus. Durch einen gleichzeitigen Abhärtungseffekt ist SLL eine ideale Bewegungsart zur Verbesserung der körperlichen Leistungsfähigkeit und Spannkraft.

Skilanglaufausrüstung und Technik (Einführung)
Beim Einstieg in den Skilanglauf empfehlen wir den breiteren und kürzeren Ski mit Abstoßhilfe (Struktur, z.B. mit Schuppen). Mit diesem „Cruiser“ Ski können Sie in gespurten Loipen oder auch ungespurtem Gelände gehen und laufen. Die benützen Skilanglaufstöcke sollte bis zur Brust reichen. Damit besitzen Sie eine gute Bewegungsfreiheit auch in ungespurtem Gelände.

Beim Gehen und Laufen kommt die klassische SLL Technik zum Einsatz, d.h. Diagonalschritt (Grundform), Doppelstockschub, Bogenlaufen und Bogentreten (Ebene, Abfahrt), Grätenschritt (Anstieg), Pflug und Halbpflug (Abfahrt).Wenn Sie sich schneller und dynamische bewegen möchten empfiehlt sich der klassische Ski mit größerer Länge und kleinerer Taillierung. Mit dem „sportlicheren" klassischen Ski empfiehlt sich auch eine um ca. 10 cm größere Stocklänge zu nutzen. Ergänzend zu den o. g. klassischen Techniken kommt hierbei noch der Doppelstockschub mit Zwischenschritt, geländeangepasstes Laufen, z.B. mit Halbschlittschuh - Schritt und passende Abfahrtechniken (Bergstemme, Telemarkschwung) zum Einsatz.
Möchten Sie mit der so genannten Schlittschuhschritt – Technik (Skating) laufen, dann nutzen Sie den Skating – Ski. Dieser Ski besitzt eine höhere Steifigkeit und ermöglicht damit eine leichtere Skiführung auf der Kante. Bei der Skatingtechnik wird auch eine größere Stocklänge genutzt (bis Oberkante Schulter). Bei der Skatingtechnik können Sie, je nach Gelände, Kondition und Geschwindigkeit folgende Techniken nutzen. Schlittschuhschritt mit a) diagonalem Stockeinsatz b) Doppelstock- Schub auf jeden Beinabstoß (1:1) c) Doppelstock- Schub auf jedem zweiten Beinabstoß (1:2) d) Doppelstockschub auf jedem zweiten Beinabstoß mit aktivem Armschwung (1:2 mit aktivem Armschwung).

13.0 Gleichgewicht herstellen durch Tiefenentspannung

Gelenkte Fantasiereise zur Aufnahme von Energie

Suchen Sie sich einen Platz an dem Sie sich wohl und sicher fühlen, vielleicht ein bequemer Stuhl, Sessel oder Sie legen sich hin. Warten Sie darauf, dass Sie für die nächsten 20 Minuten ungestört sind. Machen Sie es sich auf Ihrem Platz ganz bequem, befreien Sie sich von allen einschränkenden oder störenden Gegenständen (Gürtel, Uhr, Brille oder Schuhe).

Schauen Sie sich zunächst noch einmal um, was Sie alles sehen. Spüren Sie, wie Sie den Kontakt zu Ihrem Platz wahrnehmen. Atmen Sie nun tief ein... und aus...eine...und aus...ganz tief in den Bauch ein...und ausatmen...Lenken Sie jetzt für einen kurzen Moment die Aufmerksamkeit zu Ihren Ohren und hören ganz genau hin, was Sie alles hören können, die Klänge und Geräusche.

Vielleicht können Sie dabei feststellen, dass sich Ihr Körper dabei ein kleinwenig entspannt, vielleicht möchten Sie jetzt Ihre Augen schließen oder es sich noch bequemer machen. Während Sie sich jetzt so ganz entspannt auf Ihrem Platz ausruhen und meiner Stimme lauschen lassen Sie Ihren Gedanken freien Lauf, lassen Sie Ihre Gedanken kommen...und gehen...alles ist in Ordnung und Ihr Körper beginnt sich nun bei Ihrem Ausatmen mehr...und mehr...zu entspannen.

Lenken Sie nun Ihre Aufmerksamkeit zu Ihren Ohren und hören Sie was es hier zu hören gibt, die Musik, wie sie über die Ohren in den Körper hineinfließt und was für ein Gefühl das ist oder vielleicht hören Sie auch Ihren Atem... auf welchem Ohr können Sie ihn besser hören...auf dem linken...oder auf dem rechten Ohr...oder vielleicht auch auf beiden gleich stark...spüren Sie jetzt wie sich Ihr Körper immer mehr entspannt...vielleicht können Sie sogar die Atemluft an Ihrer Oberlippe spüren...beim Ein- und Ausatmen...

Lenken Sie nun Ihre Aufmerksamkeit zu Ihrer Nase...und riechen Sie, was es zu riechen gibt... und dann zu Ihrem Mund...was es da für einen Geschmack gibt...und während Sie das tun lassen Sie Ihren Gedanken freien lauf...lassen Sie sie kommen...und gehen...und vielleicht können Sie das sogar genießen...Ihre Gedanken spazieren gehen zu lassen...immer mehr entspannt sich nun Ihr Körper...

richten Sie nun Ihre Aufmerksamkeit auf Ihre Füße und da genau auf Ihre Zehen, eine nach der anderen...Ihre Fußsohlen...links und auch rechts... Ihre Wadenmuskulatur...vielleicht wird sie schwerer...oder auch leichter...dann Ihre Oberschenkel...prüfen Sie nun welche der beiden Oberschenkelmuskulatur schwerer ist, der linke... oder der rechte...spüren Sie nun Ihre Poomuskulatur...wie auch sie sich langsam entspannt...Sie können jetzt auch Ihr Becken deutlich wahrnehmen und den Grad Ihrer Entspannung spüren...lenken Sie nun Ihre Aufmerksamkeit auf Ihre Rückenmuskulatur...und vielleicht spüren Sie auch...wie sie sich langsam entspannt...Ihre Aufmerksamkeit geht jetzt zu Ihrem Bauch...und Sie spüren hier angenehme...wohlige Wärme in Ihrem Bauch...versuchen Sie nun dieses angenehme Gefühl zu verstärken oder auszuweiten...

Ihre Aufmerksamkeit geht jetzt zu Ihrer Brustmuskulatur, vielleicht können Sie jetzt hier und jetzt die Entspannung deutlich wahrnehmen...Ihre linke Schulter entspannt sich auch nun immer mehr und mehr...Sie spüren den ganz linken Arm...zunächst den Oberarm...dann den Unterarm.. und schließlich auch das Handgelenk und auch die ganze Hand...nehmen Sie jetzt die einzelnen Finger wahr...zunächst den kleinen...dann den Ringfinger... den Mittelfinger...und auch den Zeigefinger und zuletzt noch den Daumen...bis ganz zur Spitze...

Ihre Aufmerksamkeit geht nun zur rechten Schulter...zum rechten Oberarm...weiter zum Unterarm...und auch hier zum Handgelenk...Sie können nun die ganze Hand wahrnehmen...und auch hier die einzelnen Finger...ganz intensiv.......

Während Ihr Körper sich nun ganz alleine weiter entspannen kann...stellen Sie sich vor...Sie spazieren gemütlich durch eine blühende Frühlingswiese...Sie sehen die Farben...Sie hören die Geräusche...Sie spüren den Boden unter Ihren Füßen...Sie nehmen den Duft der Wiese wahr...und während Sie durch diese Wiese spazieren...und alle diese Eindrücke auf sich wirken lassen...können Sie in der Ferne einen Wald erkennen...Sie fühlen sich irgendwie von diesem Wald angezogen...und Sie gehen auf ihn zu...immer neugieriger und zielstrebiger gehen Sie nun auf diesen Wald zu...
Sie entdecken jetzt einen Pfad der in den Wald hineinführt...neugierig und voller Erwartung folgen Sie diesen Pfad...der zu einer Waldlichtung führt...nun sind Sie an dieser Waldlichtung angekommen und Sie bleiben für einen kurzen Moment stehen...Sie hören die Geräusche und die Vogelstimmen...
Sie können die Sonnenstrahlen, die in diese Waldlichtung eindringen auf Ihrer Haut spüren...
Sie können nun auch den Duft des Waldes wahrnehmen...und nachdem Sie sich umgeschaut haben...können Sie hinter einem Busch...eine Tor erkennen...neugierig gehen Sie auf dieses Tor zu und Sie stellen voller Freude fest...dass es sich sehr leicht öffnen lässt.........
nachdem Sie nun durch dieses Tor gegangen sind, stehen Sie in einem Raum...in dessen Mitte Sie einen Brunnen sehen können...er wird durch eine Öffnung in der Dachmitte von einem Sonnenstrahle erleuchtet...Sie gehen auf diesen Brunnen zu und Sie haben das Bedürfnis von diesem Wasser...von dieser Quelle zu trinken......und während Sie den ersten Schluck von dieser Quelle trinken.. spüren Sie...wie Sie mit dem erfrischenden Wasser Energie zu sich nehmen...Sie trinken weiter von dieser Quelle...und spüren wie Sie mit jedem Schluck Wasser von dieser Quelle...mehr und mehr Energie in sich aufnehmen...Sie nehmen noch einen letzten Schluck von dieser Quelle...und Sie spüren jetzt, wie Sie voller Energie und Tatendrank sind...

Nachdem Sie nun genügend Energie getankt haben...freuen Sie sich jetzt darüber, dass Sie diese Quelle für sich entdeckt haben...und Sie nun wissen, dass Sie jederzeit wieder hierher kommen können...um noch mehr Energie zu tanken...Sie können jetzt langsam

diesen Raum verlassen...und das Tor hinter Ihnen wieder schließen...langsam gehen Sie wieder zurück zu der Waldlichtung...
Sie schauen sich noch einmal um...und bewegen sich nun wieder auf die Wiese zu...mit diesem Gefühl voller Energie und Tatendrang spazieren Sie zurück durch die Wiese...und nehmen noch einmal alle Bilder...Geräusche...Düfte...und Gefühle wahr...genießen Sie es noch für einen Augenblick...
langsam....ganz, ganz langsam...kommen Sie nun wieder hierher zurück...in diesen Raum...nehmen Sie sich die Zeit dazu...die Sie brauchen...ganz langsam können Sie nun auch wieder, wenn Sie mögen, die Augen öffnen - nehmen Sie sich genügend Zeit dazu...Sie sind jetzt wieder in diesem Raum...schauen Sie sich um, was Sie alles sehen können...
und Sie wissen...wann immer Sie Energie benötigen...an welcher Stelle Sie die Energie finden.. wie Sei die Energie trinken können und für sich ganz persönlich.. als Ihren einmaligen Schatz nutzen können...
Sie spüren, wie Sie nun voller Energie sind, atmen wieder tief in Ihren Bauch ein und aus, strecken sich und räkeln Sie sich...so als wenn Sie von einer wunderbaren Fantasiereise zurückgekehrt sind...bewegen Sie sich...Sie sind jetzt wieder hellwach und haben das Bedürfnis sofort wieder aktiv zu werden...
Sie können jetzt auch feststellen, dass diese Energie Ihnen zu Ihren ganz persönlichen Ressourcen nützlich ist und Ihnen zu allem verhilft was Ihnen wichtig ist...Sie haben jetzt Zugang zu all Ihren Ressourcen und können diese in Bewegung halten.. Sie können jetzt immer besser fantasievolle Bilder erinnern und verknüpfen und können sich an all das erinnern...was Ihnen wichtig ist.......Ihre Liste...Verknüpfung...etc..............
gehen Sie die Themen alle durch, die für Sie von Bedeutung sind....

Sie haben jetzt die Energie die Sie brauchen...all dieses Wissen anzuwenden...und Sie haben ein tolles leistungsfähiges und kreatives Gedächtnis...und jedes Mal in Ihrer Zukunft...wenn Sie Energie benötigen, dann trinken Sie einfach von dieser Quelle...

„Das gute Leben ist ein Prozess, kein Zeitpunkt.
Es ist eine Richtungsangabe und kein Endpunkt“ (Carl Rogers)

Printed by Books on Demand GmbH, Norderstedt / Germany